CLASSIQUES & CIE
BTS

À table ! Formes et enjeux du repas

ANTHOLOGIE

Avec des FILMS et des PODCASTS

Tous les documents clés expliqués
sur le thème du programme 2025
de l'épreuve de Culture générale et expression

Sélection et présentation
de **Johan Faerber**, auteur de *La Cuisine des écrivains* (2021)
certifié de lettres modernes
docteur ès lettres modernes

Hatier

sommaire

 – ISBN 978-2-401-10547-8

Ce logo renvoie aux images qui figurent, selon le cas, en 2e, 3e de couverture ou dans le cahier photos au centre du livre.

Annexes

LES RESSOURCES NUMÉRIQUES : MODE D'EMPLOI

➤ Les trois podcasts (p. 11, 45 et 77) et les autres ressources numériques citées dans l'ouvrage sont accessibles sur **hatier-clic.fr/2944812**.

Présentation du **thème**

Louis Vuitton, Giorgio Armani, Prada, Gucci ou encore Jacquemus : ces marques qui incarnent le prêt-à-porter de luxe sont depuis peu tout aussi réputées pour les restaurants raffinés qu'elles ont ouverts au sein de leurs magasins. Car, pour séduire et fidéliser sa clientèle, l'univers de la mode cède à un phénomène médiatique sans précédent : **l'engouement** presque frénétique **pour l'art culinaire**.

De fait, de nos jours, la cuisine s'invite partout et notre quotidien semble saturé par l'omniprésence de la gastronomie.

Mais comment interpréter cette passion contemporaine pour la cuisine ? Que dit-elle du rapport que chacun entretient avec l'alimentation, et, plus largement, comment l'appréhender ? Quels sont les formes et les enjeux du repas ?

SE METTRE À TABLE : ENTRE NÉCESSITÉ ET RITUEL

Manger est un acte essentiel et nécessaire : la santé et même la survie de l'individu en dépend. Pourtant, loin de nous ramener à note animalité, la cuisine marque **le premier pas vers la civilisation**. Dès le plus jeune âge, c'est lors des repas que s'apprennent les règles de la vie en société. C'est là que, plus tard, l'individu fait l'expérience d'un certain savoir-vivre – voire d'un art de vivre – et éprouve le plaisir d'échanger et de converser avec ses semblables. C'est là qu'il apprend à faire communauté, avec toutes les nuances que permet l'infinie variété des cultures humaines.

LA TABLE : UN LIEU D'ÉCHANGES OU DE TENSIONS ?

Cependant, parce qu'il s'offre comme une structure sociale, le repas prend essentiellement deux formes. Il peut être **synonyme de joie et de festivités** : c'est le modèle du banquet où la convivialité est le maître-mot, aussi bien lors de noces que pour saluer des exploits, comme à la fin de chaque album d'*Astérix*, où tout le village se réunit autour des héros

– Obélix dévorant des sangliers. Mais le repas peut aussi devenir le **révélateur d'âpres tensions**, notamment dans le cadre familial. Un révélateur qui, enfin, cristallise des tensions économiques, et où s'exerce et se met en scène une pesante hiérarchie sociale, aussi bien parmi les convives que dans les cuisines.

LE REPAS DE NOS JOURS : PERTE DE SENS OU RÉINVENTION ?

En écho à ces disparités économiques, se pose la question de la **mutation des formes du repas** aujourd'hui. Que deviennent les plaisirs de la table, à l'heure des fast-foods et de la malbouffe ? Quelle saveur ont encore les plats quand prolifèrent les émissions de téléréalité culinaires et, sur les réseaux sociaux, ce que l'on appelle le « food porn » ? Incontestablement, de nouveaux modes de consommation émergent, qui servent de support à de **nouvelles sociabilités**, mais aussi à un **nouveau rapport à la gastronomie**, où l'exposition médiatique joue un rôle essentiel. Alors, vous en reprendrez bien un petit peu ?

CHAPITRE 1

Se mettre **à table** : entre **nécessité** et **rituel**

et pour entrer
dans le vif du sujet…

p. 10

CINÉ & Cie

UN FILM:
Le Sens de la fête, d'Olivier Nakache et Éric Toledano (2017)

Le résumé du film

Alors qu'il envisage de prendre sa retraite, Max (Jean-Pierre Bacri), un organisateur de mariage, est contacté par Pierre et Héléna, un jeune couple qui lui demande d'orchestrer les festivités de leurs noces. Mais hélas rien ne va se passer comme prévu.

Le jour J, alors que tout le monde s'affaire à la préparation de l'événement, Max découvre progressivement de nombreux problèmes : nourriture avariée, dilettantisme du groupe qui doit assurer la partie musicale de la soirée ou refus des serveurs de porter des tenues de laquais qu'ils jugent ridicules et dégradantes.

Le dernier grand repas de mariage de sa carrière tourne au désastre…

Le lien avec le thème

Ne fait-on que se nourrir lorsque l'on organise un repas ? Rien ne semble moins sûr, à en juger par les mésaventures et déconvenues qui jalonnent la journée de noces de Pierre et Héléna. Car ce que souligne un film comme *Le Sens de la fête*, c'est la place que la cuisine occupe à la fois socialement et culturellement.

Socialement, la journée de mariage semble impensable sans un banquet qui permettra à chacun de partager une convivialité de mise dans ce type d'événements familiaux. Culturellement, le repas, objet de toutes les angoisses des personnages, obéit précisément à un cérémonial dont il ne faut manquer aucune étape.

▶ Observez le photogramme du film

2e DE COUVERTURE

1. Décrivez les différentes composantes de l'image.
2. Comment sont habillés les personnages représentés ?
3. Quelle est l'expression dominante des visages des personnages ?

Visionnez le film et commentez-le !

1. Dans la première scène, quelles sont les inquiétudes qu'exprime le jeune couple face à l'organisateur du mariage ? Quel est l'élément central de leur réception qui convie plus de 200 invités ?

2. Dans la scène qui précède le banquet de mariage, pourquoi les serveurs refusent-ils de porter des tenues de laquais ? En quoi ces tenues font-elles partie, pour les mariés, du prestige du repas ?

3. Dans quelle atmosphère se déroule la fin du repas ? Quel rôle jouent alors les serveurs ?

PODCAST : « Le repas : manger ensemble », France Culture (26 mai 2014)

hatier-clic.fr/2944812_01

De quoi parle-t-on ?

Dans cette série de cinq émissions consacrées à l'art du repas, la journaliste et écrivaine Marie Richeux reçoit Claude Fischler, sociologue de l'alimentation. Tous deux explorent comment le repas ne se contente pas seulement de satisfaire les appétits : l'art culinaire est aussi le premier art de vivre ensemble, quelles que soient les civilisations.

À écouter pour le thème

Si s'alimenter répond à un besoin vital, se mettre à table paraît indispensable pour construire la vie en société. La table est le premier lieu de socialisation de tout individu : on y apprend les lois élémentaires du partage et de la convivialité. La table figure une micro-société.

La cuisine est au centre des préoccupations des différents personnages du *Sens de la fête*, qu'il s'agisse des mariés, soucieux de la réussite de leurs noces, ou des serveuses et serveurs désireux de satisfaire leurs clients. Pour les réalisateurs Toledano et Nakache, c'est une manière de montrer que la **cuisine** est **au cœur de nos vies**. Car se nourrir, ce n'est pas seulement répondre à un besoin vital qui rappellerait notre animalité, c'est faire partie d'une **organisation** à la fois **humaine, sociale et culturelle**.

Le fait de manger est au **fondement de notre humanité**. En ce sens, la préparation d'un plat dépasse la simple satisfaction de la faim pour se hisser à un véritable **art de vivre**. Si l'alimentation réunit les individus autour d'une table, ceux-ci, une fois rassasiés, sont libres d'échanger avec leurs voisins, de réfléchir ensemble, et de faire de la table un véritable forum. Comme si l'art culinaire était le **premier acte politique d'une civilisation**, celui qui autorise l'échange et la **communication**.

Ce compagnonnage de table, cette convivialité, fait de la cuisine un **rituel social**. Un rituel fondé sur le respect de règles et d'usages qui, inculqués dès l'enfance, dispensent à chacun le premier **apprentissage du savoir-vivre et de la vie en société**.

En-deçà du rituel social, la table est perçue comme un **puissant marqueur culturel**. D'une civilisation ou d'un pays à l'autre, on ne s'assied pas autour d'une table de la même façon et on ne mange pas les mêmes plats. Chaque peuple définit une part de son **identité** par ce que contient son assiette et par la manière dont il prépare, accommode et consomme ce contenu.

A Au-delà de la nécessité vitale : le repas

« La cuisine est le plus ancien des arts car Adam naquit à jeun », déclarait Brillat-Savarin en une formule pleine d'esprit qui montre combien la cuisine est avant tout un art premier dans toute civilisation, **une part inaliénable de notre humanité**.

Ainsi, Valentin Husson DOC 1 • p. 14 voit dans la cuisine le berceau même de la civilisation. « L'art des vivres », à savoir la manière de cuire une viande ou de préparer un plat, témoigne d'un « art de vivre » qui va au-delà de l'assiette. Une fois **libérée de l'angoisse de la faim**, l'humanité peut penser à autre chose, et même **penser tout court**, s'ouvrir à une réflexion débarrassée des besoins premiers. Les joies du corps éveillent alors les bonheurs de l'esprit.

Mais manger revient aussi à fréquenter un espace de la plus haute importance : **la table**. Car, comme le souligne Brillat-Savarin DOC 2 • p. 16, si se mettre à table consiste à partager un plat avec d'autres convives, c'est en vue de pratiquer un **plaisir** que seule la cuisine autorise : celui **d'échanger et de converser**. La table permet donc de déployer un **art de vivre en société**. C'est le lieu premier de la communication.

Enfin, comme le suggère le poème d'Apollinaire DOC 3 • p. 19, le repas est aussi un moment de **partage quotidien** qui tisse entre les êtres des liens affectifs. La cuisine, en cultivant ces liens, fait de la table un foyer familial premier. Éveillant les sens, elle ravive notre passé. Les effluves d'un bon mets ou une pâtisserie savourée dans l'enfance font alors rejaillir, à la manière de la madeleine de Proust, un monde enfoui.

DOC 1

VALENTIN HUSSON

L'Art des vivres (2023)

Dans son essai L'Art des vivres, *le philosophe Valentin Husson se penche sur le rôle central que les repas jouent dans le destin de l'humanité. Pour ce fin gourmet, la cuisine ne se réduit pas à l'assouvissement d'un besoin vital, mais se situe à l'origine même de toute civilisation. Véritable art de vivre, la cuisine répond aux besoins du corps et aux nécessités de l'esprit.*

[La cuisine, berceau de la civilisation]

Au commencement, donc, était la cuisine. Le reste n'est que fable et allégorie[1]. Au commencement de l'humanité fut la domestication du feu, la cuisson de la viande et des végétaux. Au commencement était donc le chant du feu. La flamme de la liberté. Cette maîtrise ne fut pas anodine[2] : elle permit aux plus vieux ancêtres de l'*Homo sapiens*[3] de cuire, de saisir des aliments. Ils gagnèrent en apport énergétique et permirent à l'humain d'économiser de l'énergie dans sa digestion. Une telle énergie emmagasinée pouvait dès lors être mise à profit dans d'autres tâches. Une nourriture plus riche transforma notre cerveau. Le feu permit d'assainir la nourriture, de tuer les bactéries, de réchauffer les corps, d'éclairer la nuit, de voyager. Autour de cette flamme des foyers se sont constitués ; les nuits se sont allongées, plus propices aux récits, aux histoires partagées. Le langage vient de là. Il n'y a de langage que grâce à la cuisine. Quand parler, c'est manger. Ce n'est pas parce que le plaisir rend affable et volubile[4] – ça, aussi –, mais parce que, prosaïquement[5], la cuisine a rendu possible un développement

1. **Fable et allégorie :** invention et histoire symbolique.
2. **Anodine :** sans importance.
3. ***Homo sapiens* :** espèce humaine telle qu'on la connaît aujourd'hui.
4. **Affable et volubile :** aimable et bavard.
5. **Prosaïquement :** banalement.

considérable de nos facultés cognitives[1] et cérébrales. La cuisine est première ; la littérature, seconde ; la philosophie, tertiaire. Dis-moi ce que l'homme a mangé, et je te dirai ce qu'il est. Il n'y a d'art de vivre, aujourd'hui, que parce qu'il y eut un art des vivres[2], il y a près de 400 000 ans de cela. La philosophie première est la gastronomie.

Du foyer à l'âtre[3], du fourneau au piano, le feu a façonné le destin de l'homme. Ami du cuisinier, il peut être également son pire ennemi. Si au commencement, le feu permit de révéler la pleine valeur énergétique des aliments, il fut également, pendant très longtemps et de manière insue[4], une façon d'en dénaturer le goût. Ce n'est qu'à la fin du XIXe siècle que l'on surveilla le feu afin de trouver une cuisson juste. La cuisine devint art de la justesse. L'équilibre, elle connaissait déjà : son art des mariages des épices le prouve aisément. Mais il lui manquait la précision du chant igné[5]. Il chantait faux, trop fort. Il durcissait les viandes, réduisait en bouillie les légumes, rendait insipide les vivres : on devait les accommoder de sauces pour les rendre ragoûtantes[6], voire mangeables. La maîtrise du feu mit quasiment autant de temps que ne mit sa découverte. « Le cuisinier et le feu » fut une lutte aussi âpre[7] que celle du maître et de l'esclave.

La cuisine est sublimation[8]. Elle a permis à notre économie psychique de s'investir ailleurs que dans la survie : il n'y aurait pas eu d'art, ni toutes les hautes formes de l'esprit sans elle. Au fond, elle est l'esprit de l'esprit, sa condition de possibilité. Non seulement cuisiner est une façon de sublimer des aliments, et de transformer ces nourritures terrestres en nourritures célestes[9] – c'est-à-dire en manifestation[10] de la noblesse technique et

1. **Cognitives :** liées à la connaissance.
2. **Vivres :** nourriture.
3. **Âtre :** cheminée.
4. **Insue :** non connue.
5. **Igné :** incandescent.
6. **Ragoûtantes :** appétissantes.
7. **Âpre :** rude, violente.
8. **Sublimation :** action de magnifier.
9. **Célestes :** venues du Ciel.
10. **En manifestation :** en témoignage.

spirituelle de l'humain, où le plaisir de les déguster concurrence le plaisir d'en parler –, mais ce fut encore une manière de transformer l'humanité, de l'élever au-delà de sa condition biologique et de la seule satisfaction de ses besoins nécessaires.

L'Art des vivres, © PUF, coll. « Perspectives critiques », 2023 ■

3 questions pour vous guider...

1. Pourquoi Valentin Husson déclare-t-il que « la cuisine a rendu possible un développement considérable de nos facultés cognitives et cérébrales » (l. 18-19) ?
2. L. 30-40 : en quoi la maîtrise du feu est-elle devenue déterminante pour la cuisine ?
3. Expliquez la phrase : « La cuisine est sublimation. » (l. 41).

DOC **2**

JEAN-ANTHELME BRILLAT-SAVARIN
« Du plaisir de la table », *Physiologie du goût* (1826)

Jean-Anthelme Brillat-Savarin (1755-1826) s'est imposé dans l'histoire comme l'un des fondateurs de la gastronomie. Dans son essai sur la Physiologie du goût*, cet amateur de bons plats perçoit la cuisine comme l'un des piliers de la société française. Au plaisir de manger s'ajoute le plaisir de la table qui favorise les échanges entre les convives, et aiguise la joie de communiquer.*

[Plaisirs de la table, joie de communiquer]

Le plaisir de manger est la sensation actuelle et directe d'un besoin qui se satisfait.

Le plaisir de la table est la sensation réfléchie qui naît de diverses circonstances, de faits, de lieux, de choses et de personnes qui accompagnent le repas.

Le plaisir de manger nous est commun avec les animaux; il ne suppose que la faim et ce qu'il faut pour la satisfaire.

Le plaisir de la table est particulier à l'espèce humaine: il suppose des soins antécédents[1] pour les apprêts[2] du repas, pour le choix du lieu et le rassemblement des convives[3].

Le plaisir de manger exige, sinon la faim, au moins de l'appétit; le plaisir de la table est le plus souvent indépendant de l'un et de l'autre.

Ces deux états peuvent toujours s'observer dans nos festins.

Au premier service[4], et en commençant la session[5], chacun mange avidement[6], sans parler, sans faire attention à ce qui peut être dit, et, quel que soit le rang qu'on occupe dans la société, on oublie tout pour n'être qu'un ouvrier de la grande manufacture. Mais quand le besoin commence à être satisfait, la réflexion naît, la conversation s'engage, un autre ordre de choses commence, et celui qui jusque-là était que consommateur devient convive plus ou moins aimable, suivant que le maître de toutes choses[7] lui en a dispensé les moyens.

EFFETS.

74. – Le plaisir de la table ne comporte ni ravissements, ni extases, ni transports[8], mais il gagne en durée ce qu'il perd en intensité, et se distingue surtout par le privilège particulier dont il jouit, de nous disposer à tous les autres, ou du moins de nous consoler de leur perte.

Effectivement, à la suite d'un repas bien entendu[9], le corps et l'âme jouissent d'un bien-être particulier.

---

1. Antécédents : antérieurs.
2. Les apprêts : la préparation.
3. Convives : invités.
4. Dans l'art français de la table, le premier service correspond à la présentation aux invités de potages et diverses entrées.
5. Session : temps correspondant à la tenue d'un service.
6. Avidement : avec voracité.
7. Le maître de toutes choses : ici Dieu.
8. Transports : enthousiasme.
9. Bien entendu : bien nourrissant.

Au physique, en même temps que le cerveau se rafraîchit, la physionomie[1] s'épanouit, le coloris s'élève[2], les yeux brillent, une douce chaleur se répand dans tous les membres.

Au moral, l'esprit s'aiguise, l'imagination s'échauffe[3], les bons mots naissent et circulent ; et si La Fare et Saint-Aulaire[4] vont à la postérité avec la réputation d'auteurs spirituels, ils le doivent surtout à ce qu'ils furent convives aimables.

D'ailleurs, on trouve souvent rassemblés autour de la même table toutes les modifications que l'extrême sociabilité a introduite parmi nous : l'amour, l'amitié, les affaires, les spéculations[5], la puissance, les sollicitations, le protectorat[6], l'ambition, l'intrigue[7] ; voilà pourquoi le conviviat[8] touche à tout ; voilà pourquoi il produit des fruits de toutes les saveurs.

3 questions pour vous guider...

1. L. 6-13 : pourquoi, selon Brillat-Savarin, le plaisir de la table est propre à l'espèce humaine ?
2. L. 15-20 : que se passe-t-il à table lorsque les convives commencent à être rassasiés ?
3. Relevez en quoi, pour Brillat-Savarin, « à la suite d'un repas bien entendu, le corps et l'âme jouissent d'un bien-être particulier » (l. 30-31) ?

1. Physionomie : expression du visage.
2. Le coloris s'élève : les joues rosissent.
3. S'échauffe : s'anime, se passionne.
4. Charles-Auguste, marquis de La Fare (1644-1712), François-Joseph de Beaupoil, marquis de Saint-Aulaire (1643-1742) : écrivains réputés pour la finesse de leurs observations sociales.
5. Spéculations : pensées, réflexions.
6. Protectorat : gouvernement.
7. Intrigue : liaison amoureuse secrète.
8. Conviviat : art de partager une table en tant qu'hôte ou invité.

DOC **3**

Guillaume Apollinaire
«Le repas», *Quelconqueries* (1915)

Le précédent recueil poétique de Guillaume Apollinaire (1880-1918), Alcools, *louait les plaisirs de l'ivresse. Dans ce court poème «Le repas», l'ambition du poète est autre: il y décrit le bonheur simple de partager un repas. Alors que la Première Guerre mondiale fait rage, Apollinaire, qui est engagé au front, se souvient avec émotion du moment de se mettre à table. Moment qui ne satisfait pas que la faim: autour de la table, les individus reconstituent un noyau affectif, ils font foyer.*

[Le repas, à l'origine des liens affectifs]

«Le repas»

IL n'y a que la mère et les deux fils
Tout est ensoleillé
La table est ronde
Derrière la chaise où s'assied la mère
Il y a la fenêtre
D'où l'on voit la mer
Briller sous le soleil
Les caps[1] aux feuillages sombres des pins et des oliviers
Et plus près les villas aux toits rouges
Aux toits rouges où fument les cheminées
Car c'est l'heure du repas
Tout est ensoleillé
Et sur la nappe glacée
La bonne affairée[2]
Dépose un plat fumant
Le repas n'est pas une action vile[3]
Et tous les hommes devraient avoir du pain

---

1. Caps: avancées de terre dans la mer.
2. Affairée: très occupée.
3. Vile: basse, honteuse.

La mère et les deux fils mangent et parlent
Et des chants de gaîté accompagnent le repas
Les bruits joyeux des fourchettes et des assiettes
Et le son clair du cristal des verres
Par la fenêtre ouverte viennent les chants des oiseaux
Dans les citronniers
Et de la cuisine arrive
La chanson vive[1] du beurre sur le feu
Un rayon traverse un verre presque plein de vin mélangé d'eau
Oh ! le beau rubis[2] que font du vin rouge et du soleil
Quand la faim est calmée
Les fruits gais et parfumés
Terminent le repas
Tous se lèvent joyeux et adorent la vie
Sans dégoût de ce qui est matériel
Songeant que les repas sont beaux sont sacrés
Qui font vivre les hommes

3 questions pour vous guider...

1. Expliquez ces vers 16-17 : « Le repas n'est pas une action vile / Et tous les hommes devraient avoir du pain ».
2. Vers 18-27 : relevez les termes qui montrent que le repas est un moment de bonheur partagé.
3. En quoi, pour Apollinaire, « les repas sont beaux sont sacrés » (v. 33) ? Que suscite chez le lecteur le parallélisme de construction de ce vers ?

---

1. **La chanson vive :** le crépitement bruyant.

2. **Rubis :** pierre précieuse de couleur rouge.

B Un rituel social : se mettre à table

« L'homme est un mangeur social » déclare le sociologue Claude Fischler pour souligner que **se nourrir** constitue un **fait social majeur**. Le repas obéit à une logique de groupe et s'inscrit dans le cadre d'un rituel socialisé qui repose sur trois caractéristiques.

La première d'entre elles, fondatrice, est celle de la **commensalité**. Dans leur article DOC 4 • p. 22, les sociologues Nicolas Bricas et Marie Walser rappellent que la commensalité, à savoir le fait de partager un même plat, est le premier **vecteur de socialisation** que connaît un individu. L'alimentation s'établit dans une logique relationnelle et fixe les règles élémentaires du rapport à autrui.

La deuxième caractéristique de ce rituel social consiste à **poser les conditions du savoir-vivre**. Les manières de se tenir à table, d'utiliser ses couverts ou de consommer tel ou tel plat sont codifiées par la société et doivent faire l'objet d'un apprentissage, ainsi qu'Érasme l'énonce DOC 5 • p. 25. La cuisine est un **foyer de civilité**.

Enfin, le repas fixe l'**identité d'une communauté** selon des degrés de partage, de responsabilité et de solidarité. Si la commensalité rapproche les êtres, elle semble surtout permettre de construire symboliquement ce que Claude Fischler nomme « une **communauté de destin** ». Tel serait le sens du tableau de Cotman DOC 6 • p. 27 où le cheval, au lieu d'être à l'écurie, occupe une place centrale dans la représentation de la famille : le repas est **intégrateur et producteur de commun**.

DOC **4**

Nicolas Bricas, Marie Walser

« L'alimentation comme relations aux autres », *Une écologie de l'alimentation* (2022)

À l'occasion des rencontres autour des solidarités alimentaires organisées par les Nations unies en 2022, les sociologues Nicolas Bricas et Marie Walser s'interrogent sur la manière dont l'alimentation construit la relation à autrui. Pour les deux chercheurs, les repas constituent le socle de toute collectivité car la commensalité – le fait de partager un repas –, établit le premier degré de socialisation de tout individu.

[Une institution sociale : la commensalité]

Dans de nombreuses sociétés, les repas pris en commun tiennent une place toute particulière dans la vie collective. On parle de commensalité, qui vient du latin *commensalis* (composé de *cum*, « avec », et *mensa*, « table, nourriture ») et désigne le fait de « manger ensemble ».

Partager un repas signifie être ensemble au sein d'un même « cercle commensal ». Si cet espace d'apparence ordinaire semble surtout être le théâtre[1] d'une succession de gestes visant à absorber de la nourriture, il s'y joue en réalité beaucoup plus. En effet, le moment du repas est encadré par un ensemble de règles, qui définissent par exemple la tranche horaire du repas et l'ordre du service[2], en passant par la composition du menu, la façon de préparer les aliments, la manière de les consommer ou de se tenir. Ces règles s'expriment bien sûr différemment selon le contexte culturel et social considéré. Par exemple, le repas peut avoir une structure dite « synchronique » – tous les plats sont servis en même temps –, comme au Vietnam ou en

---

1. Théâtre : lieu, espace. **2. Service :** action de servir à table.

Chine, ou une structure dite « diachronique » – les plats sont servis les uns à la suite des autres –, comme en France depuis l'instauration du « service à la russe » au XIXe siècle (précédemment, le « grand service à la française » était synchronique !). De même, pour porter les aliments à la bouche, il est de coutume d'utiliser plutôt des couverts, des baguettes ou encore ses doigts selon le contexte.

Tout n'est pas permis ou bien vu au cours d'un repas et les convives voient leurs comportements (de consommation et d'interactions entre eux) encadrés par ce que les sociologues appellent des « normes sociales ». Jean-Pierre Poulain[1] en souligne l'origine composite[2] en les désignant comme un « agrégat d'injonctions[3] qui s'enracinent dans des traditions à la fois culturelles, sociales et familiales ». Ces normes mettent souvent en scène des valeurs fortes – comme le partage, la hiérarchie sociale, le respect des aînés, la régulation de la gourmandise ou encore l'attention portée à l'hygiène – qui ne doivent pas être enfreintes[4] sous peine de générer des tensions. Le repas constitue par ailleurs un moment privilégié de transmission des adultes aux enfants de ces valeurs et règles de vie en société : on parle de « socialisation alimentaire ». Le repas commensal n'a toutefois pas la même importance dans toutes les sociétés et il tend à se déstructurer par endroits, notamment sous le poids de l'individualisation des comportements alimentaires.

Manger ensemble, c'est aussi, du point de vue symbolique, entrer en « communion alimentaire » avec autrui. Pour Claude Fischler[5], « le fait de manger ensemble est réputé rapprocher : puisque manger la même chose, c'est produire la même chair, le même sang, c'est construire ou reconstruire symboliquement une communauté de destin ». Dans le même ordre d'idées,

1. Jean-Pierre Poulain (né en 1956) : professeur en sociologie.
2. Composite : mélangée, variée.
3. Agrégat d'injonctions : somme d'ordres.
4. Enfreintes : transgressées.
5. Claude Fischler (né en 1947) : sociologue français spécialisé dans l'alimentation humaine.

Émile Durkheim[1] parle de « parenté artificielle » établie par le partage de nourriture. Symboliquement, le fait de partager la même chair permet d'affirmer une appartenance, de souder une communauté. Le terme « compagnon » (celui qui partage notre pain) rend compte de ce lien. Ainsi, au Cameroun, le jeune enfant ne fait véritablement partie de la communauté qu'à partir du moment où il mange dans la marmite familiale. Autre exemple, le repas post-funérailles permet aux proches du défunt de se retrouver entre vivants pour commencer à faire leur deuil. Partager la même nourriture est aussi un gage de confiance, qui sert de base pour sceller des alliances (mariages, accords commerciaux, accords de paix). Refuser de partager un aliment offert revient d'ailleurs, toujours symboliquement, à dénigrer une relation et peut être perçu comme une offense. Dans cette perspective, les personnes en situation de précarité qui dépendent de l'aide alimentaire ne sont souvent pas en mesure d'initier le partage de nourriture, ce qui renforce leur situation d'isolement social.

Une écologie de l'alimentation,
« L'alimentation comme relations aux autres »,

3 questions pour vous guider...

1. Que désigne l'expression « cercle commensal » (l. 7) ? De quel terme provient-elle ?
2. Relevez « les valeurs fortes » (l. 31-32) que les normes sociales des repas mettent en scène ?
3. Expliquez la formule suivante : « communion alimentaire » (l. 43).

---

1. **Émile Durkheim (1858-1917) :** un des fondateurs de la sociologie en France.

DOC 5

ÉRASME
« Des repas », *La Civilité puérile* (1530)

Figure majeure de la Renaissance, Érasme (1466-1536) est aussi l'auteur d'un manuel de savoir-vivre, La Civilité puérile. *Dans cet essai destiné au jeune prince Henri de Bourgogne, le philosophe humaniste dispense notamment des conseils d'éducation sur la façon de se comporter à table. Pour Érasme, le repas est une des premières manières de pratiquer l'humanisme : un lieu d'expression du savoir-vivre, c'est-à-dire de la mise en œuvre des règles sociales humanistes.*

[Le repas, un rituel socialement codifié]

La gaieté est de mise, à table, mais non l'effronterie[1]. Ne t'assois pas sans t'être lavé les mains ; nettoie avec soin tes ongles, de peur qu'il n'y reste quelque ordure[2] et qu'on ne te surnomme *aux doigts sales*. Aie soin de lâcher auparavant ton urine, à l'écart, et, si besoin est, de te soulager le ventre. Si par hasard tu te trouves trop serré, il est à propos de relâcher ta ceinture, ce qui serait peu convenable une fois assis.

En essuyant tes mains, chasse aussi de ton esprit toute idée chagrine[3] ; dans un repas, il ne faut ni paraître triste ni attrister personne.

Si l'on te demande de dire le *Benedicite*[4], prends une contenance[5] pleine de recueillement, autant des mains que du visage ; tourne-toi vers le personnage le plus respectable de l'assistance, ou vers l'image du Christ, si par hasard il y en a une ; arrivé au nom de Jésus et de la Vierge, sa mère, fléchis les deux genoux. Si cette fonction a été dévolue à un autre, écoute et réponds avec la même dévotion.

---

1. **Effronterie :** insolence, impolitesse.
2. **Ordure :** saleté, crasse.
3. **Chagrine :** morose, triste.
4. **Le *Benedicite* :** prière dite avant le repas.
5. **Contenance :** attitude, air.

Cède de bonne grâce l'honneur de t'asseoir le premier ; invité à prendre une place plus honorable, excuse-toi avec douceur ; si l'on insiste sérieusement, à plusieurs reprises, et que celui qui te prie jouisse de quelque autorité, cède modestement ; résister davantage serait de l'obstination et non de la politesse.

Une fois assis, pose tes deux mains sur la table et non pas jointes sur ton assiette. C'est un égal manque de savoir-vivre d'en placer une ou de les placer toutes les deux sur sa poitrine.

Poser un coude ou tous les deux sur la table n'est excusable que pour un vieillard ou un malade ; les courtisans délicats, qui croient que tout ce qu'ils font est admirable, se le permettent. N'y fais pas attention et ne les imite pas. Prends garde aussi de gêner avec ton coude celui qui est assis près de toi ou avec tes pieds celui qui te fais face.

Se dandiner sur sa chaise et s'asseoir tantôt sur une fesse, tantôt sur l'autre, c'est se donner l'attitude de quelqu'un qui lâche un vent[1], ou qui s'y efforce. Tiens-toi le corps droit, dans un équilibre stable.

Si l'on te donne une serviette, place-la sur ton épaule ou sur ton bras gauche.

Au moment de t'asseoir à table avec des gens d'un rang élevé, tes cheveux préalablement bien peignés, ôte ton chapeau ; à moins toutefois que ce ne soit l'usage du pays ou qu'un convive, dont l'autorité fait loi, en ordonne autrement ; il serait incivil[2] de ne pas céder.

3 questions pour vous guider…

1. L. 1-4 : quelle est la première règle à observer selon Érasme pour se mettre à table ?
2. L. 11-12 : pour quelles raisons le convive doit-il prendre « une contenance » à table ?
3. Justifiez l'usage du terme « incivil » (l. 41) par Érasme.

1. **Vent :** flatulence.
2. **Incivil :** malpoli, inconvenant.

DOC **6**

Frederick George Cotman
Un membre de la famille (1880)

[Le repas, un facteur intégrateur]

Peintre anglais de la seconde moitié du XIXe siècle, Frederick George Cotman (1850-1920) doit sa renommée à une toile qui fit beaucoup parler d'elle. Ce tableau intitulé Un membre de la famille, *représente une famille attablée pour le déjeuner. Au second plan, un cheval passe la tête par la porte ouverte. L'animal, à qui l'on tend des aliments, semble participer au rituel du repas, comme un membre à part entière du foyer. Cotman montre ainsi que le repas est un facteur intégrateur.* CAHIER PHOTOS • P. I

3 questions pour vous guider...

1. Décrivez les différentes composantes du tableau, plan par plan.
2. Qui est réuni autour de la table pour partager le repas ?
3. Par quels effets picturaux Cotman souligne-t-il la présence du cheval dans la salle à manger ?

C Un puissant marqueur culturel

« Dis-moi ce que tu manges, je te dirais qui tu es » : on connaît la célèbre sentence de Brillat-Savarin qui, en premier gastronome de l'histoire, établit l'ensemble des règles qui désignent la **cuisine comme art à part entière**. En effet, la cuisine fonde une **identité de groupe** : des goûts communs, mais aussi, d'une région ou d'un pays à l'autre, des traditions alimentaires singulières.

En ce sens, la cuisine apparaît comme un puissant **marqueur culturel**. Ainsi, la journaliste Anne Chemin constate que si les Français rythment encore leurs journées autour de trois repas, les Américains se nourrissent d'en-cas pris sans horaire précis DOC 7 • p. 29.

Les traditions alimentaires s'imprègnent parfois d'une **portée religieuse**. Elles peuvent se parer d'une grande sophistication et d'un raffinement tel que celui observé dans la cérémonie du thé au Japon DOC 8 • p. 32. La commensalité autour de ce cérémonial montre que la cuisine peut devenir **œuvre d'art**.

Mais si certaines traditions culinaires signalent une **appartenance culturelle**, l'imaginaire collectif d'un peuple investit à son tour certains plats de **valeurs** proprement **culturelles** : ainsi Roland Barthes DOC 9 • p. 33 décrit l'importance en France du bifteck-frites, qu'il analyse comme un symbole patriotique.

Enfin, la cuisine reflète l'**organisation sociale d'un pays**, et notamment les **rapports entre les sexes**. Maryline Desbiolles DOC 10 • p. 36, évoquant ses étés en Toscane chez sa grand-mère lorsqu'elle était enfant, se remémore certains dîners où les femmes n'avaient pas droit de cité, tandis que leurs époux dégustaient les plats qu'elles avaient préparés.

DOC **7**

Anne Chemin

«Le repas, un art français» (2014)

Dans cet article du quotidien Le Monde, *Anne Chemin, journaliste en charge des questions de société, revient sur la singularité des repas à la française. Malgré un mode de vie mondialisé, les Français se distinguent culturellement par la place qu'ils accordent aux plaisirs de la table. Là où le reste du monde occidental – Europe et États-Unis – se contentent de manger à la va-vite et souvent de manière individualisée, le repas demeure en France un élément central de l'organisation de la vie sociale au quotidien.*

[Le repas, foyer d'habitudes culturelles]

Pour les Américains et les Européens, l'en-cas[1] remplace le repas. Les Français, eux, s'adonnent massivement aux plaisirs de la table. Pourquoi cette singularité ?

C'est un petit miracle qui s'accomplit tous les jours sous nos yeux sans que nous y prêtions la moindre attention. Le matin, à midi et le soir, des dizaines de millions de Français décident, à la même heure, de se réunir autour d'une table pour partager un repas, comme si un chef d'orchestre invisible donnait le signal du début des festivités. Ce rituel est si bien ancré dans nos mentalités que nous le jugeons banal, voire normal. Pour les étrangers, en revanche, il constitue un véritable ovni. «Lorsque le sociologue américain Daniel Lerner[2] est venu en France, en 1956, la rigidité des Français au sujet de l'alimentation l'a stupéfié, raconte le sociologue Claude Fischler, directeur de recherche au CNRS. Il ne comprenait pas pourquoi ils mangeaient tous à heure fixe, comme "au zoo".» [...]

La singularité du repas «à la française» ne se réduit pas à cette étonnante synchronisation. Les Français sont aussi les champions

1. L'en-cas : repas léger, impromptu, souvent froid.

2. Daniel Lerner (1917-1980) : écrivain américain.

d'Europe du temps passé à table : 2 h 22 par jour en 2010, soit 13 minutes de plus qu'en 1986 ! [...]

Aux États-Unis, un modèle radicalement différent

Les États-Unis proposent en effet un modèle radicalement différent. Les repas n'y ont rien de sacré : chacun mange à son rythme, en fonction de sa faim, de ses contraintes et de son emploi du temps – en 1937, l'écrivain Paul Morand[1] s'étonnait déjà de voir des New-Yorkais déjeuner seuls, dans la rue, « comme à l'étable ». [...]

Les Britanniques pratiquent massivement, eux aussi, le « snacking », les repas en pointillé et le grignotage. En Grande-Bretagne, Thibaut de Saint Pol ne décèle aucun « synchronisme alimentaire ». [...] Beaucoup d'Anglais mangent en outre en conduisant ou en jetant un œil sur leur ordinateur – un sacrilège pour les Français, qui voient dans le repas une activité « à temps plein ». « En France, le repas constitue un des moments les plus agréables de la journée », sourit Thibaut de Saint Pol. L'enquête "Emploi du temps" de l'Institut national de la statistique et des études économiques [Insee] montre que manger procure presque autant de plaisir que lire ou écouter de la musique. Les repas en solitaire, au travail ou dans la vie personnelle, sont souvent vécus comme des moments difficiles. »

Si les pratiques sociales varient autant d'une société à une autre, c'est parce que l'alimentation ne se réduit pas à une simple activité fonctionnelle : elle exprime des valeurs, des symboles et des identités culturelles – il s'agit d'un « fait social total », résumait l'anthropologue français Marcel Mauss[2].

« Aux États-Unis, la conception dominante de l'alimentation est nutritionnelle, explique le sociologue Claude Fischler. Se nourrir, c'est d'abord répondre à ses besoins physiologiques en

---

1. Paul Morand (1888-1976) : écrivain français.

2. Marcel Mauss (1872-1950) : sociologue et anthropologue français, considéré comme le fondateur de l'anthropologie.

faisant des choix rationnels. Les Français ont, au contraire, une conception culinaire de l'alimentation : ils valorisent le plaisir et le goût. Nous avons demandé à des Français et à des Américains d'associer, lors de nos enquêtes, plusieurs mots. Lorsque nous proposons "gâteau au chocolat", les Américains pensent "culpabilité", les Français "anniversaire". »

« Une affaire individuelle »

À cette divergence de regard sur la nourriture s'ajoute une différence de regard sur les liens qui unissent les convives. « Aux États-Unis, l'alimentation est considérée comme une affaire individuelle, poursuit le sociologue Claude Fischler. Chacun est différent, chacun est libre, chacun fait donc des choix personnels dont il est responsable. C'est un modèle contractuel et individualiste : si vous êtes invité à dîner, vous pouvez signaler que vous êtes végétarien, personne ne sera froissé, car c'est votre droit de vouloir manger différemment. En France, l'alimentation est au contraire une affaire collective, voire communielle : l'idée du partage est au centre du repas. [...] »

Ce modèle « communiel » s'accompagne d'une lourde pression sociale : contrairement aux Américains, mais aussi aux Anglais, les Français tolèrent mal les écarts vis-à-vis de la norme. Malheur à ceux qui aiment passer à table quand bon leur semble, grignoter dans la journée, commencer leur repas par un fruit ou manger sans viande : ils s'exposent à une sourde réprobation. « Le repas "à la française" est extrêmement codifié dans ses rythmes et sa composition, précise Martin Bruegel, historien au laboratoire Alimentation – sciences sociales de l'Institut national de la recherche agronomique (INRA). Il représente souvent une contrainte, voire une discipline, car il laisse peu de place au désir individuel. [...] »

Parce qu'il oblige les convives à se plier à de nombreuses normes, le repas « à la française », qui a été inscrit, en 2010, au Patrimoine culturel immatériel de l'Unesco, ne semble guère en phase avec le grand mouvement du XXe siècle : l'individualisation.

Les Français, comme les citoyens des autres pays développés, ont en effet découvert au cours du siècle dernier les vertus de l'émancipation individuelle : ils souhaitent désormais modeler leur existence en choisissant eux-mêmes leur compagnon, leur métier, les prénoms de leurs enfants, leur sexualité et leur mode de vie. [...]

« Le repas, un art français », © lemonde.fr, 13 février 2014 ■

3 questions pour vous guider...

1. Pour quelle raison le sociologue David Lerner a-t-il été stupéfait lorsque, dans les années 1950, il a découvert la manière dont les Français prenaient leurs repas ?
2. Relevez pourquoi aux États-Unis les repas « n'ont rien de sacré » (l. 23) ?
3. En quoi, selon le sociologue Claude Fischler : « En France, l'alimentation est au contraire une affaire collective, voire communielle » (l. 64-65) ?

DOC **8**

TOYOHARA CHIKANOBU
La Cérémonie du thé (1895)

[De l'habitude culinaire au patrimoine culturel]

Appelée « chanoyou » ou encore « sudo » au Japon, la cérémonie du thé appartient à un ensemble de traditions culinaires héritées du bouddhisme zen. Le thé vert, dit thé matcha, est servi de manière codifiée à un groupe réduit de convives dans un cadre paisible. Débute alors un véritable cérémonial pour les invités revêtus du kimono traditionnel : durant près de 4 heures, le thé est préparé avant de pouvoir être bu. Cette habitude culinaire apparaît comme un véritable spectacle culturel. CAHIER PHOTOS • P. II

3 questions pour vous guider…

1. Décrivez les différentes composantes de l'image.
2. Décrivez l'attitude des invitées.
3. Quels ustensiles utilise la maîtresse de cérémonie ?

DOC 9

ROLAND BARTHES
« Le bifteck et les frites », *Mythologies* (1957)

Dans Mythologies, *le critique littéraire Roland Barthes (1915-1980) analyse différentes mythologies*[1] *de la vie moderne d'après-guerre, telles que la voiture DS ou encore la passion française, à cette époque, pour les matches de catch. Il montre aussi le rôle majeur que joue la nourriture en France. Certains plats incarnent, steak-frites en tête, autant de symboles et de marqueurs culturels patriotiques. Pour les Français, l'identité du pays passe par l'assiette.*

[Le plat, une identité nationale]

Le bifteck participe à la même mythologie sanguine que le vin. C'est le cœur de la viande, c'est la viande à l'état pur, et quiconque en prend, s'assimile la force taurine[2]. De toute évidence, le prestige du bifteck tient à sa quasi-crudité : le sang y est visible, naturel, dense, compact et sécable[3] à la fois ; on imagine bien l'ambroisie[4] antique sous cette espèce de matière lourde qui diminue sous la dent de façon à bien faire sentir dans le même temps sa force d'origine et sa plasticité à s'épancher[5] dans le sang

---

1. **Mythologie :** représentation sociale convenue.
2. **Taurine :** qui provient du taureau.
3. **Sécable :** qui peut être coupé.
4. **Ambroisie :** dans la mythologie grecque, nourriture des Dieux.
5. **S'épancher :** se déverser.

même de l'homme. Le sanguin est la raison d'être du bifteck : les degrés de sa cuisson sont exprimés, non pas en unités caloriques, mais en images de sang, le bifteck est *saignant* (rappelant alors le flot artériel de l'animal égorgé), ou *bleu* (et c'est le sang lourd, le sang pléthorique[1] des veines qui est ici suggéré par le violine[2], état superlatif du rouge). La cuisson, même modérée, ne peut s'exprimer franchement ; à cet état contre-nature, il faut un euphémisme[3] : on dit que le bifteck est à point, ce qui est à vrai dire donné plus comme une limite que comme une perfection.

Manger le bifteck saignant représente donc à la fois une nature et une morale. Tous les tempéraments sont censés y trouver leur compte, les sanguins par identité, les nerveux et les lymphatiques[4] par complément. Et de même que le vin devient pour bon nombre d'intellectuels une substance médiumnique[5] qui les conduit vers la force originelle de la nature, de même le bifteck est pour eux un aliment de rachat, grâce auquel ils prosaïsent[6] leur cérébralité et conjurent par le sang et la pulpe molle, la sécheresse stérile dont sans cesse on les accuse. La vogue du steak tartare, par exemple, est une opération d'exorcisme contre l'association romantique de la sensibilité et de la maladivité : il y a dans cette préparation tous les états germinants de la matière : la purée sanguine et le glaireux[7] de l'œuf, tout un concert de substances molles et vives, une sorte de compendium[8] significatif des images de la préparturition[9].

Comme le vin, le bifteck est, en France, élément de base, nationalisé plus encore que socialisé ; il figure dans tous les décors de la vie alimentaire : plat, bordé de jaune, semelloïde[10], dans les restaurants bon marché ; épais, juteux, dans les bistrots spécialisés ; cubique, le cœur tout humecté sous une légère croûte carbonisée,

---

1. **Pléthorique :** abondant.
2. **Violine :** violet foncé.
3. **Euphémisme :** nuance, réserve.
4. **Lymphatiques :** faibles, fragiles.
5. **Médiumnique :** propre à pouvoir communiquer avec les esprits.
6. **Prosaïsent :** vulgarisent.
7. **Glaireux :** baveux, visqueux.
8. **Compendium :** abrégé, extrait.
9. **Préparturition :** qui précède la parturition, c'est-à-dire l'accouchement.
10. **Semelloïde :** comme une semelle de chaussure.

dans la haute cuisine ; il participe à tous les rythmes, au confortable repas bourgeois et au casse-croûte bohème[1] du célibataire ; c'est la nourriture à la fois expéditive et dense, il accomplit le meilleur rapport possible entre l'économie et l'efficacité, la mythologie et la plasticité de sa consommation.

De plus, c'est un bien français (circonscrit, il est vrai, aujourd'hui par l'invasion des steaks américains). Comme pour le vin, pas de contrainte alimentaire qui ne fasse rêver le Français de bifteck. À peine à l'étranger, la nostalgie s'en déclare, le bifteck est ici paré d'une vertu supplémentaire d'élégance, car dans la complication apparente des cuisines exotiques, c'est une nourriture qui joint, pense-t-on, la succulence[2] à la simplicité. National, il suit la cote des valeurs patriotiques : il les renfloue en temps de guerre, il est la chair même du combattant français, le bien inaliénable[3] qui ne peut passer à l'ennemi que par trahison. Dans un film ancien (*Deuxième Bureau contre Kommandantur*[4]), la bonne du curé patriote offre à manger à l'espion boche[5] déguisé en clandestin français : « Ah, c'est vous, Laurent ! je vais vous donner de mon bifteck. » Et puis, quand l'espion est démasqué : « Et moi qui lui ai donné de mon bifteck ! » Suprême abus de confiance.

Associé communément aux frites, le bifteck leur transmet son lustre[6] national : la frite est nostalgique et patriote comme le bifteck. *Match*[7] nous a appris qu'après l'armistice indochinois, « le général de Castries[8] pour son premier repas demanda des pommes de terre frites ». Et le président des Anciens Combattants d'Indochine, commentant plus tard cette information, ajoutait : « On n'a pas toujours compris le geste du général de Castries

---

1. **Bohème :** sans règles.
2. **Succulence :** délicatesse, finesse.
3. **Inaliénable :** immortel.
4. Film d'espionnage français de 1939 réalisé par René Jayet et Robert Bibal.
5. **Boche :** en argot, terme insultant pour désigner les ennemis allemands d'alors.
6. **Lustre :** prestige.
7. Allusion au magazine hebdomadaire *Paris Match*.
8. **Le général Christian de La Croix de Castries (1902-1991) :** commandant français qui s'est illustré durant la guerre d'Indochine.

demandant pour son premier repas des pommes de terre frites. » Ce que l'on nous demandait de comprendre, c'est que l'appel du général n'était certes pas un vulgaire réflexe matérialiste, mais un épisode rituel d'approbation de l'ethnie française retrouvée. Le général connaissait bien notre symbolique nationale, il savait que la frite est le signe alimentaire de la « francité[1] ».

***Mythologies*, « Le bifteck et les frites »**, © Le Seuil, 1957

3 questions pour vous guider...

1. L. 9-17 : relevez ce qu'expriment selon Roland Barthes les différents degrés de cuisson du steak ?
2. L. 33-34 : quels sont les « décors de la vie alimentaire » française dans lesquels le steak figure ?
3. Relevez deux exemples qui illustrent que, véritable valeur nationale, le steak « suit la cote des valeurs patriotiques » (l. 48-49) ?

DOC **10**

Maryline Desbiolles
Manger avec Piero (2004)

Dans Manger avec Piero, *la romancière Maryline Desbiolles (née en 1959) revient sur sa passion pour la cuisine italienne. D'origine toscane par sa mère, elle rapporte ses souvenirs d'enfance marqués par les banquets familiaux en Italie. Le moment du repas devient pour la petite fille née en France un moment de découverte d'autres habitudes culturelles.*

1. Francité : propre à la culture française.

[La cuisine, reflet de l'organisation sociétale d'un pays]

L'Italie me donne faim. Sans doute parce que ma grand-mère, immigrée en France depuis 1931, continuait de donner à sa cuisine des tournures italiennes. Et lorsqu'elle nous nourrissait, c'était avec une fièvre ardente[1], inquiète, qui exigeait que notre appétit fût sans faille. Sans doute parce que nos retours, rares, dans le minuscule village toscan[2], Villa, tout en haut de la côte, au milieu des châtaigniers, donnaient lieu à de formidables banquets, midi et soir, chez chacun des membres de la famille. Aucun des habitants de Villa ne semblait d'ailleurs échapper à la famille si bien que les séjours là-bas n'étaient qu'une déclinaison ininterrompue de pâtes et de raviolis à la ricotta[3], de charcuteries finement tranchées, de volailles rôties et de vins blancs faits maison qui rendaient les hommes volubiles[4].

Mais les banquets dont je me souviens le mieux sont ceux du soir, autour de la longue table dressée sous la tonnelle[5] comme c'est l'été, un été éternel puisque jamais, enfant, je ne suis allée l'hiver en Italie. Des banquets dont les femmes sont mystérieusement absentes, mais cela nous est bien égal à ma sœur et moi, les petites filles de France. Mon arrière-grand-mère nous a servis et elle s'est retirée pour manger, l'assiette sur ses genoux, près du poêle éteint, dans l'obscurité de la cuisine. La longue table est présidée par mon arrière-grand-père, il se tient très droit, il a de belles moustaches blanches, il a été jadis à New York où il n'a pas fait fortune mais où il a parachevé sa légende. Il y a mes grands-oncles, certains sont jeunes encore, très beaux, nous les avons pour nous seules, nous les petites filles de France qui sommes autorisées à partager le repas des hommes. Et lorsqu'ils

---

1. Ardente : passionnée, enthousiaste.
2. Toscan : en Toscane, région italienne.
3. Ricotta : fromage italien à pâte fraîche.
4. Volubiles : bavards.
5. Tonnelle : abri de jardin ombragé sur lequel on fait généralement grimper des plantes le long d'une treille.

ont fini de manger, ils chantent doucement et nous, les petites filles de France, nous dansons sur la table et c'est à notre tour d'être dégustées par nos beaux grands-oncles et ils nous accompagnent et ils nous cajolent de mots que nous ne comprenons pas. Nous ne comprenons même pas que *Bionda*[1] pourrait être chantée pour nous, nous qui sommes blondes en effet, de cette blondeur enfantine que nous perdrons un jour. Bionda, belle bionda, o biondinella d'amor. L'Italie me donne faim.

Manger avec Piero, © Mercure de France, 2004

3 questions pour vous guider...

1. Expliquez la formule : « L'Italie me donne faim » (l. 1).
2. L. 14-24 : pour quelle raison dans les banquets familiaux « les femmes sont mystérieusement absentes » (l. 17-18) ?
3. Pourquoi Maryline Desbiolles emploie-t-elle à deux reprises l'expression « nous les petites filles de France » (l. 26) ?

1. ***Bionda*** : chanson populaire italienne qui chante la beauté d'une femme blonde (*bionda*, en italien).

1 Le débat : manger avec ou sans couverts ?

En vous appuyant sur la confrontation des articles de William Audureau et Pierre Galouise, vous organiserez un débat sur la question suivante : est-il nécessaire de manger avec des couverts ?

William Audureau, « Manger avec la main, c'est naturel, manger avec une fourchette, c'est culturel », lemonde.fr, 25/01/2019
hatier-clic.fr/2944812_02

Pierre Galouise, « Top 10 des avantages réels à manger avec les doigts, miam miam les phalanges », topito.com, 16/09/2021
hatier-clic.fr/2944812_03

Les conseils pour débattre

a. Lisez attentivement les deux textes afin de pouvoir identifier les différents usages des couverts.
b. Dressez-en ensuite la liste des avantages et des inconvénients avant de les répartir entre les différents intervenants de votre débat.

2 Le développement argumenté : manger, un acte culturel ?

Après avoir visionné la conférence de Martine Gasparov sur la philosophie du repas, vous discuterez dans le cadre d'un développement argumenté (500 mots), les raisons pour lesquelles la conférencière en vient à déclarer : « Avec la table, on passe de la nature à la culture. »

Martine Gasparov, « La philosophie du repas », Bibliothèque nationale de France, 23/09/2021
hatier-clic.fr/2944812_04

Les conseils pour argumenter

a. Prenez des notes durant le visionnage de la conférence afin de pouvoir problématiser les enjeux.
b. Vous traiterez la question en articulant logiquement votre propos et en prenant soin de développer les exemples choisis.

3 L'exposé : manger, un art de savourer

En vous appuyant sur la lecture du roman de Muriel Barbery, *Une gourmandise*, paru en 2002, vous restituerez dans le cadre d'un exposé les raisons selon lesquelles, pour le personnage principal, manger dépasse la simple satisfaction de l'appétit pour se hisser au plaisir de la dégustation.

« Dans la cuisine de… Muriel Barbery », France Culture, 7/04/2024
hatier-clic.fr/2944812_05

Les conseils pour nourrir sa réflexion

a. Expliquez au cours de votre exposé en quoi la profession du personnage principal influe de manière décisive sur sa quête de saveur.
b. En vous appuyant sur l'écoute de l'émission de radio, prenez soin de relever lors de votre lecture pourquoi le personnage sollicite autant sa mémoire gustative.

Le repas, lieu de partages

Document 1 • Valentin Husson, *L'Art des vivres* (p. 14).
Document 4 • Nicolas Bricas, Marie Walser, « L'alimentation comme relations aux autres » (p. 22).
Document 8 • Toyohara Chikanobu, *La Cérémonie du thé* (p. 32).

■ Première partie : Questions (/10 points)

Une réponse développée et argumentée, qui s'appuiera sur des éléments précis des textes et documents, est attendue pour chacune des trois questions.

Question 1 – Documents 1 et 4
À la lumière des documents 1 et 4, expliquez pourquoi « Dans de nombreuses sociétés, les repas pris en commun tiennent une place toute particulière dans la vie collective » (doc. 4) ?

Question 2 – Documents 1 et 8
Quels liens établissez-vous entre les deux documents ?

Question 3 – Documents 1, 4 et 8
En quoi les trois documents installent la question de la commensalité au cœur de la civilisation ?

Les conseils pour réussir

a. Lisez les textes de Valentin Husson ainsi que de Nicolas Bricas et Marie Walser afin d'identifier dans chacun d'eux la place assignée au repas.
b. Mettez en évidence dans le document iconographique 8 la disposition ritualisée des invités autour du thé.
c. Pour répondre à la question 3, fondez-vous sur la définition de la commensalité avancée par Nicolas Bricas et Marie Walser.

■ Deuxième partie : Essai (/10 points)

Vous traiterez, au choix, l'un des deux sujets d'essai.
Vous traiterez le sujet choisi de façon personnelle et argumentée en vous appuyant notamment sur vos lectures, sur le travail de l'année, sur le corpus et sur votre culture personnelle.

Sujet A. Selon vous, en quoi la table est-elle à l'origine même de toute société humaine ?

Les conseils pour réussir

a. Relisez attentivement ce premier chapitre pour mesurer, au cours de l'histoire, la place culturelle grandissante des repas.
b. Appuyez-vous sur l'extrait du texte de Valentin Husson pour brosser un aperçu historique de la naissance de la cuisine.

Sujet B. Considérez-vous que « il n'y a d'art de vivre, aujourd'hui, que parce qu'il y eut un art des vivres, il y a près de 400 000 ans de cela » (Valentin Husson, doc. 1).

Les conseils pour réussir

a. Relisez attentivement le texte de Valentin Husson afin de restituer à la fois sa problématisation et son contexte d'énonciation.
b. Consacrez un temps de votre réflexion à la manière dont les arts de la table renvoient à une construction culturelle et sociale.

CHAPITRE 2

La table : un lieu d'**échanges** ou de **tensions** ?

et pour entrer
dans le vif du sujet…

p. 44

CINÉ & Cie

UN FILM : *Festen*, de Thomas Vinterberg (1998)

Présentation du film

Dans son film *Festen*, sorti en 1998, le cinéaste danois Thomas Vinterberg (né en 1969) présente l'histoire de Helge Klingenfeldt, un riche notable, qui a réuni sa famille et ses amis dans sa demeure afin d'y fêter ses soixante ans, autour d'une grande tablée. Mais dès le début du repas, la table familiale devient le lieu de la révélation d'un terrible secret : Christian, le fils aîné, déclare que son père s'est rendu coupable d'inceste lorsque lui et Linda, sa sœur jumelle qui s'est suicidée l'année précédente, étaient enfants. C'est la stupeur générale.

Le lien avec le thème

Alors qu'ils sont censés se retrouver pour célébrer un événement familial, les différents personnages du film utilisent le repas comme espace de révélation. En raison de cette divulgation tragique, le « festin » tourne à l'affrontement entre les différents convives : des cris jaillissent, des coups sont portés. La convivialité cède la place à des échanges féroces.

Ce film montre l'importance de la table comme espace social pour les membres d'une même famille. Il souligne aussi combien elle incarne la rigidité et la hiérarchie sociale. Si le repas est un calvaire pour les enfants abusés, le père incestueux y règne en maître. Le moment du repas sert son autoritarisme et maintient sa domination.

Observez l'affiche du film

CAHIER PHOTOS • P. III

1. Décrivez les différentes composantes de l'affiche.
2. Qui est au centre de la table ? Pourquoi ?
3. À quoi fait référence la pose du personnage central ?

Visionnez le film et commentez-le !

1. Quelle est la réaction des invités au dîner suite au discours de Christian qui, après avoir trinqué à la santé de son père, révèle que celui-ci l'a violé enfant ?

2. Pourquoi, lors de sa deuxième prise de parole lors du dîner, Christian ne peut pas achever le discours qu'il a commencé ?

3. Que se passe-t-il pour le père lors du petit déjeuner qui clôt le film ?

UN PODCAST : « Comment survivre aux fêtes de fin d'année », France Culture (23 décembre 2022)

hatier-clic.fr/2944812_06

De quoi parle-t-on ?

Dans cette émission diffusée à la veille du réveillon de Noël, Géraldine Muhlmann reçoit les philosophes Maxime Rovere et Stéphane Floccari. Ils se demandent comment certains repas, loin de réjouir les convives, peuvent se muer en une pesante obligation, ou devenir l'arène privilégiée pour les règlements de compte et autres disputes.

À écouter pour le thème

« Se mettre à table » signifie dans l'usage populaire « déguster », c'est-à-dire « souffrir ». Ainsi les convives se sentent parfois mal à l'aise lors de certains repas qu'ils perçoivent comme une indéniable contrainte. Cette obligation, souvent familiale, peut même apparaître comme un véritable supplice : la table n'est plus l'espace où l'on mange mais bien l'arène qui accueille les joutes verbales et de violents affrontements.

Le repas, théâtre de tous les drames : tel est le terrible constat qui s'impose après avoir vu la manière dont les personnages de *Festen* sont éreintés par un repas de célébration qui tourne au règlement de comptes familial. Lorsque des enjeux familiaux, sociaux ou encore politiques s'invitent à table, le repas peut tourner à l'épreuve la plus violente, voire à la tragédie.

Pourtant, le repas apparaît d'abord comme un **moment de joie et de plaisir** – joie des retrouvailles, plaisir de manger des plats savoureux – qui possède une évidente capacité à faire événement. Les banquets rythment les grands moments de l'existence : du baptême aux noces en passant par les anniversaires, la cuisine participe à la **cohésion familiale et sociale**.

Cette harmonie ne doit pas faire oublier que dans le **milieu professionnel de la restauration**, les employés sont souvent exposés à une **forte pression** de la part de leur hiérarchie, avec des situations de maltraitance hélas fréquentes. Cette tension peut évidemment se retrouver parmi les convives réunis à table où, nous l'avons vu, peuvent éclater de violentes disputes, notamment au sein du cercle familial.

Enfin, manger est aussi une **affaire de moyens et de goûts**, qui tous deux renvoient souvent à l'**appartenance sociale** des individus et à un **souci de distinction**. On ne mange pas de la même façon que l'on soit riche ou pauvre, que l'on soit bien né ou que l'on soit nouvellement riche. « Manger bio » témoigne ainsi d'une relative aisance financière et d'un **capital culturel** que tous ne partagent pas. Sans parler de celles et ceux qui ne connaissent même pas les joies de l'assiette, et doivent se contenter, quand ils le peuvent, de la soupe populaire, faute de mieux. Les inégalités sociales sont encore plus visibles quand l'assiette est vide.

A Le repas : un grand moment festif

Selon le chef étoilé Joël Robuchon, « on ne peut pas faire de cuisine si on n'aime pas les gens ». Si cette sentence est devenue célèbre, c'est qu'elle cristallise le **sens du partage** qui préside à la confection d'un plat, et exige un triple **investissement** : **temporel**, **financier** et **affectif**.

De fait, générosité, plaisir et bonne chère s'accordent parfaitement autour de la table, qui devient le lieu idéal pour les festivités. Dès l'Antiquité, souligne l'historienne Janick Auberger DOC 11 • p. 48, les banquets célèbrent l'**appartenance à un groupe** familial et à la cité.

La cuisine, par son abondance et sa qualité, contribue alors à la charge symbolique d'un événement, et devient incontournable pour **accompagner les étapes majeures** de la vie sociale d'un individu ou d'un groupe. Faire honneur à la table et aux plats qui y sont servis, c'est faire honneur aux hôtes. On le constate lors du repas de noces de Charles et Emma Bovary DOC 12 • p. 51, où la table des mariés unit les deux familles.

Manger, c'est donc passer un excellent moment, **synonyme de fête** notamment pour les « bons vivants » – ceux qui précisément apprécient les « plaisirs de la vie » et peuvent se livrer à la gourmandise, voire à la goinfrerie. Aucun excès ne semble ainsi pouvoir combler l'appétit des invités de Gervaise dans *L'Assommoir* d'Émile Zola DOC 13 • p. 54.

Manger jusqu'à ne plus pouvoir rien ingérer : c'est ce que font les personnages du film *La Grande Bouffe* DOC 14 • p. 56. La fête s'efface peu à peu devant une protestation contre la société consumériste dont la faim est insatiable… Au-delà du scandale qui accompagna la sortie de son film, le cinéaste Marco Ferreri nous rappelle que manger est aussi un **acte politique**.

DOC **11**

Janick Auberger

« Le banquet comme fête de sociabilité », *L'Antiquité est une fête* (2022)

Dans son article « Le banquet comme fête de sociabilité », Janick Auberger, historienne de l'Antiquité grecque et latine, revient sur le rôle central que joue, pour les Grecs, le repas. Réunissant un grand nombre de convives, le repas prend la forme d'un banquet dont le but est de célébrer un « événement important », de « se réjouir ensemble ». Partager la nourriture constitue le pilier social d'une communauté.

[Le banquet, un moment d'intense célébration]

Un banquet, « repas d'apparat[1], rassemblant de nombreux convives pour célébrer un événement important », s'il faut garder la définition du CNRTL[2], peut prendre de nombreuses formes et dépend malgré tout de l'aisance[3] de ceux qui l'offrent et de leurs habitudes alimentaires. Nous nommerons banquet tout repas collectif qui sort de la modestie et de la routine frugale[4] quotidiennes, ce qui nous évitera de les distinguer en fonction de la magnificence de l'événement. En effet, un banquet offert à l'échelle d'une simple famille lors d'un évènement privé (mariage, rite de passage, repas funéraire ou repas d'hospitalité) ou même d'un dème[5] grec lors d'un rituel villageois ou d'un quartier (thiases[6] en Grèce, corporations artisanales en Grèce et à Rome) est évidemment infiniment plus modeste qu'un banquet offert par un riche évergète[7] de l'époque

---

1. **Apparat :** cérémonie.
2. **CNRTL :** dictionnaire du CNRS (Centre national de recherche scientifique).
3. **Aisance :** richesse.
4. **Frugale :** modeste.
5. **Dème :** circonscription administrative et politique de toute cité grecque.
6. **Thiase :** cortège religieux.
7. **Évergète :** riche notable de la Grèce antique.

hellénistique[1] ou par un Romain prospère de l'époque impériale. On peut néanmoins penser que malgré la différence d'échelle entre ces différents banquets, l'objectif est le même : offrir une fête, réunir les gens autour d'un repas commun, partager un moment de convivialité, c'est se réjouir ensemble, comme nous le faisons de nos jours ; mais c'est aussi – plus encore que de nos jours – réaffirmer les liens sociaux, éventuellement en créer de nouveaux, affermir son réseau, dire et montrer à tous sa place dans le groupe et manifester ainsi son appartenance à la structure familiale, redire son identité villageoise, civique, de la plus petite cellule à la plus importante, à une époque où l'oralité et le témoignage direct comptaient davantage que dans notre culture de l'écrit.

Cet acte tout simple qui consiste à se nourrir avec les autres a une grande importance symbolique, sociale, politique et religieuse, qui insère les convives dans leur communauté et dans le monde tel qu'ils le voient. C'est pourquoi nous retrouvons des banquets à la fois dans la sphère du privé, lors des modestes rites de passages familiaux, et dans la sphère publique, fête des moissons ou banquets offerts par toute une cité lors des fêtes religieuses, par exemple. Cela va du simple sacrifice d'un mouton lors de la présentation d'un nouvel enfant dans une famille grecque (fête des Apatouries), jusqu'à l'« hécatombe », c'est-à-dire le sacrifice d'une centaine de bovins offerts à tous les habitants d'Athènes lors des Panathénées en l'honneur de la déesse tutélaire ou en l'honneur de Zeus à Olympie lors des concours athlétiques (banquet qui pouvait être offert grâce aux fonds publics ou par un riche citoyen dans le cadre de l'*hestiasis*, contribution onéreuse[2] mais qui lui valait reconnaissance et prestige) : ici et là le processus et la commensalité sont les mêmes, quel que soit le luxe déployé. On y développe la *philia*

---

1. Époque hellénistique : période chronologique de l'histoire de la Grèce antique qui s'étend de la mort d'Alexandre le Grand (323 av. J.-C.) jusqu'à la défaite de Cléopâtre VII (31 av. J.-C.).

2. Onéreuse : au coût financier très élevé.

chez les Grecs, l'*amicitia* chez les Romains[1], lien social par excellence. Périclès[2] le disait déjà, par le truchement de Thucydide[3] dans la célèbre oraison funèbre du 1er livre de la *Guerre du Péloponnèse* : « Pour remèdes à nos fatigues, nous avons assuré à l'esprit les délassements les plus nombreux : nous avons des concours et des fêtes religieuses qui se succèdent toute l'année ». Rien de superflu dans ces fêtes, elles sont le signe d'une vie communautaire inextricablement liée à la cité et à son fonctionnement politique, et ce lien traversera toute l'antiquité.

Dans tous les cas, le partage de nourriture est essentiel ; et parce que les sociétés grecques et romaines sont des sociétés où la religion a une dimension civique (on a pu la considérer comme un élément très efficace de cohésion sociale), la fête – et le banquet qui en est souvent le cœur – se place toujours sous la protection d'une divinité, à qui on va sacrifier au début, et parfois à la fin. À l'échelle de la famille, on peut sacrifier à Hestia, la déesse qui préside au foyer chez les Grecs, aux dieux Lares chez les Romains ; une offrande modeste suffit, libation[4] de vin, de lait, de miel, gâteau ou galette, ou victime sanglante modeste si le chef de famille le peut. Un petit ex-voto[5] de forme animale peut même se substituer aux vraies victimes, l'essentiel étant d'associer la divinité à la fête. D'ailleurs, comment ne pas associer les divinités quand on sait que la fameuse triade méditerranéenne a été généreusement donnée par les dieux : c'est Dionysos/Bacchus qui a appris aux hommes à fabriquer le vin, c'est Déméter/Cérès qui a appris aux hommes à fabriquer le pain, c'est Athéna qui a donné aux hommes l'olive et leur a appris à fabriquer l'huile. À côté d'eux Hermès/Mercure et

1. ***Philia, amicitia*** : liens d'affection selon lesquels on aime un être pour ce qu'il est, et non pour ce qu'il peut apporter.
2. **Périclès** : stratège, orateur et homme d'État athénien (495-429 av. J.-C.).
3. **Thucydide** : homme d'État, stratège et historien athénien (460-400 av. J.-C.).
4. **Libation** : fait de répandre un liquide en offrande à une divinité.
5. **Ex-voto** : offrande faite à un dieu en demande d'une grâce.

Artémis/Diane protègent les animaux, sauvages et d'élevage, etc. On peut prendre tous les produits de la terre, on trouvera toujours un dieu gréco-romain qui le patronne. Donc la nourriture a quelque chose de sacré et il convient de le rappeler.

«Le banquet comme fête de sociabilité», in *L'Antiquité est une fête*,
Actualités des études anciennes, le carnet scientifique de la
Revue des études anciennes, 43-52 © Ausonius éditions, 2022 ■

3 questions pour vous guider...

1. L. 16-27 : quel est selon Janick Auberger l'objectif commun à tous les banquets qui s'organisent dans la Grèce antique ?
2. L. 28-35 : relevez les exemples que Janick Auberger donne pour illustrer que «Cet acte tout simple qui consiste à se nourrir avec les autres a une grande importance symbolique, sociale, politique et religieuse» (l. 28-30).
3. L. 55-77 : pourquoi, dans le culte des divinités, «le partage de nourriture est essentiel» (l. 55) ?

DOC **12**

Gustave Flaubert
Madame Bovary (1857)

Dans son roman qui fit scandale, Madame Bovary, *Gustave Flaubert (1821-1880) raconte la vie provinciale de la jeune Emma Rouault, mal mariée à Charles Bovary, modeste officier de médecine. L'extrait suivant présente le banquet de noces qui se déroule dans la ferme des Rouault, au cœur de la campagne normande. Placé sous le signe de la fête, ce riche repas représente une étape sociale importante : on mange beaucoup, on fait la fête, on s'amuse, on se divertit.*

[Le repas, une célébration sociale]

C'était sous le hangar de la charretterie[1] que la table était dressée. Il y avait dessus quatre aloyaux[2], six fricassées[3] de poulets, du veau à la casserole, trois gigots, et, au milieu, un joli cochon de lait rôti, flanqué de quatre andouilles à l'oseille. Aux angles, se dressait l'eau-de-vie, dans des carafes. Le cidre doux en bouteilles poussait sa mousse épaisse autour des bouchons, et tous les verres, d'avance, avaient été remplis de vin jusqu'au bord. De grands plats de crème jaune, qui flottaient d'eux-mêmes au moindre choc de la table, présentaient, dessinés sur leur surface unie, les chiffres des nouveaux époux en arabesques de nonpareille[4]. On avait été chercher un pâtissier à Yvetot, pour les tourtes et les nougats. Comme il débutait dans le pays, il avait soigné les choses ; et il apporta, lui-même, au dessert, une pièce montée qui fit pousser des cris. À la base, d'abord, c'était un carré de carton bleu figurant un temple avec portiques, colonnades et statuettes de stuc[5] tout autour, dans des niches constellées d'étoiles en papier doré ; puis se tenait au second étage un donjon en gâteau de Savoie, entouré de menues fortifications en angélique[6], amandes, raisins secs, quartiers d'oranges ; et enfin, sur la plate-forme supérieure, qui était une prairie verte où il y avait des rochers avec des lacs de confitures et des bateaux en écales[7] de noisettes, on voyait un petit Amour[8], se balançant à une escarpolette[9] de chocolat, dont les deux poteaux étaient terminés par deux boutons de rose naturels, en guise de boules, au sommet.

1. Charretterie : hangar où l'on range les charrettes.
2. Aloyaux : morceaux de bœuf de qualité.
3. Fricassées : plat de viande cuite dans une préparation grasse.
4. Nonpareille : confiserie dragée de petite taille.
5. Stuc : enduit de plâtre imitant le marbre.
6. Angélique : plante confite utilisée pour parfumer les desserts.
7. Écale : coque d'un fruit.
8. Amour : petit Cupidon.
9. Escarpolette : balançoire.

Jusqu'au soir, on mangea. Quand on était trop fatigué d'être assis, on allait se promener dans les cours ou jouer une partie de bouchon[1] dans la grange, puis on revenait à table. Quelques-uns, vers la fin, s'y endormirent et ronflèrent. Mais, au café, tout se ranima ; alors on entama des chansons, on fit des tours de force, on portait des poids, on passait sous son pouce[2], on essayait à soulever les charrettes sur ses épaules, on disait des gaudrioles[3], on embrassait les dames. Le soir, pour partir, les chevaux gorgés d'avoine jusqu'aux naseaux, eurent du mal à entrer dans les brancards[4] ; ils ruaient, se cabraient, les harnais se cassaient, leurs maîtres juraient ou riaient ; et toute la nuit, au clair de la lune, par les routes du pays, il y eut des carrioles emportées qui couraient au grand galop, bondissant dans les saignées[5], sautant par-dessus les mètres de cailloux[6], s'accrochant aux talus, avec des femmes qui se penchaient en dehors de la portière pour saisir les guides[7].

Ceux qui restèrent aux Bertaux passèrent la nuit à boire dans la cuisine. Les enfants s'étaient endormis sous les bancs.

3 questions pour vous guider...

1. L. 2-11 : de combien de plats se compose ce banquet de noces ?
2. L. 25-32 : comment Flaubert souligne la convivialité qui préside à ce repas ?
3. L. 32-41 : relevez deux éléments qui montrent combien les invités se sont amusés au cours du banquet.

---

1. Bouchon : jeu alors à la mode qui consistait à renverser au moyen d'un palet un bouchon supportant des pièces de monnaie.
2. Plaisanterie d'alors qui consistait à placer son pouce au-dessus de sa tête pour faire mine de passer au-dessous.
3. Gaudrioles : plaisanteries à caractère sexuel, grivoiseries.
4. Brancards : bras de la charrette.
5. Saignées : fossés facilitant l'écoulement des eaux de pluie.
6. Tas de pierres disposés le long des routes que les cantonniers utilisaient afin de pouvoir les réparer.
7. Guides : rênes tenant les chevaux.

DOC **13**

ÉMILE ZOLA
L'Assommoir (1877)

Dans L'Assommoir, *septième volume de la suite romanesque des Rougon-Macquart, Émile Zola (1840-1902) raconte l'histoire de Gervaise, ouvrière blanchisseuse sous le Second Empire. Mariée à l'ouvrier couvreur Coupeau, celle qui est devenue tenancière de sa propre blanchisserie offre dans son local une grande fête pour célébrer sa réussite. Mais la convivialité festive cède peu à peu la place à une gloutonnerie vorace…*

[La table, symbole des bons vivants]

Par exemple, il y eut là un fameux coup de fourchette : c'est-à-dire que personne de la société ne se souvenait de s'être jamais collé une pareille indigestion sur la conscience. Gervaise, énorme, tassée sur les coudes, mangeait de gros morceaux de blanc[1], ne parlant pas, de peur de perdre une bouchée ; et elle était seulement un peu honteuse devant Goujet[2], ennuyée de se montrer ainsi, gloutonne comme une chatte. Goujet, d'ailleurs, s'emplissait trop lui-même, à la voir toute rose de nourriture. Puis, dans sa gourmandise, elle restait si gentille et si bonne ! Elle ne parlait pas, mais elle se dérangeait à chaque instant, pour soigner le père Bru et lui passer quelque chose de délicat sur son assiette. C'était même touchant de regarder cette gourmande s'enlever un bout d'aile de la bouche, pour le donner au vieux, qui ne semblait pas connaisseur et qui avalait tout, la tête basse, abêti de tant bâfrer[3], lui dont le gésier[4] avait perdu le goût du pain. Les Lorilleux passaient leur rage sur le rôti ; ils en prenaient pour trois jours, ils auraient englouti le plat, la table et la boutique, afin de ruiner la Banban[5] du coup. Toutes les dames avaient voulu de la carcasse ;

---

1. Blanc de poulet.
2. Goujet : ami de Gervaise qui nourrit pour elle une passion indicible.
3. Bâfrer : manger sans compter.
4. Gésier : estomac.
5. Banban : surnom moqueur donné à Gervaise en raison de son boitement de naissance.

la carcasse, c'est le morceau des dames. Madame Lerat, madame Boche, madame Putois grattaient des os, tandis que maman Coupeau, qui adorait le cou, en arrachait la viande avec ses deux dernières dents. Virginie, elle, aimait la peau, quand elle était rissolée[1], et chaque convive lui passait sa peau, par galanterie ; si bien que Poisson jetait à sa femme des regards sévères, en lui ordonnant de s'arrêter, parce qu'elle en avait assez comme ça : une fois déjà, pour avoir trop mangé d'oie rôtie, elle était restée quinze jours au lit, le ventre enflé. Mais Coupeau se fâcha et servit un haut de cuisse à Virginie, criant que, tonnerre de Dieu ! si elle ne le décrottait[2] pas, elle n'était pas une femme. Est-ce que l'oie avait jamais fait du mal à quelqu'un ? Au contraire, l'oie guérissait les maladies de rate. On croquait ça sans pain, comme un dessert. Lui, en aurait bouffé toute la nuit, sans être incommodé[3] ; et, pour crâner, il s'enfonçait un pilon entier dans la bouche. Cependant, Clémence achevait son croupion, le suçait avec un gloussement des lèvres, en se tordant de rire sur sa chaise, à cause de Boche qui lui disait tout bas des indécences. Ah ! nom de dieu ! oui, on s'en flanqua une bosse[4] ! Quand on y est, on y est, n'est-ce pas ? et si l'on ne se paie qu'un gueuleton[5] par-ci par-là, on serait joliment godiche[6] de ne pas s'en fourrer jusqu'aux oreilles. Vrai, on voyait les bedons[7] se gonfler à mesure. Les dames étaient grosses. Ils pétaient dans leur peau, les sacrés goinfres ! La bouche ouverte, le menton barbouillé de graisse, ils avaient des faces pareilles à des derrières, et si rouges, qu'on aurait dit des derrières de gens riches, crevant de prospérité.

1. **Rissolée :** bien cuite, de manière à être grillée, croustillante.
2. **Décrottait :** dévorait.
3. **Sans être incommodé :** sans éprouver de désagréments physiques, sans être malade.
4. **On s'en flanqua une bosse :** on mangea avec excès.
5. **Gueuleton :** excellent repas.
6. **Godiche :** idiot.
7. **Bedons :** ventres, en argot.

3 questions pour vous guider...

1. L. 1-9 : relevez les termes qui montrent combien les différents convives mangent avec excès.
2. L. 22-31 : pourquoi, au milieu du repas, Coupeau se fâche-t-il contre Virginie ?
3. Expliquez le passage suivant : « Vrai, on voyait les bedons se gonfler à mesure. Les dames étaient grosses. Ils pétaient dans leur peau, les sacrés goinfres ! » (l. 39-41).

DOC **14**

Marco Ferreri
La Grande Bouffe (1973)

[Manger jusqu'à l'excès]

En 1973, le Festival de Cannes est secoué par un scandale. La projection de La Grande Bouffe, *le nouveau film du sulfureux cinéaste italien Marco Ferreri (1928-1997) provoque, dans la prestigieuse salle du palais des Festivals, au mieux des écœurements, au pire des vomissements. En cause le scénario : au beau milieu de l'hiver, quatre hommes fatigués de leur vie qu'ils jugent sans intérêt, décident de s'enfermer dans une villa pour ce qu'ils nomment un « séminaire gastronomique ». Mais très vite, les amis dévoilent leur véritable projet : ils décident de manger jusqu'à ce que mort s'ensuive, une manière de dénoncer l'inanité de la société consumériste.* CAHIER PHOTOS • P. IV

3 questions pour vous guider...

1. Décrivez les différentes composantes de l'image.
2. Quelle est l'attitude de la jeune femme au centre de la table ?
3. Quel sens donnez-vous à cette abondance de plats disposés à ses pieds ?

B La cuisine : entre tensions, disputes et tragédies

« S'il y a une forme de solidarité assez forte dans le monde de la cuisine, il y a également des scènes de violence, d'humiliation, de tension », déclare la romancière Maylis de Kerangal après avoir enquêté sur l'**univers des cuisiniers**. Et force est de lui donner raison tant, derrière les éclats de rire et la joie de partager de bons plats, se dissimulent mal parfois, et même trop souvent, de **vives tensions**.

Celles-ci concernent d'abord le milieu professionnel de la restauration. Le titre de l'émission de télé-réalité animée par le chef Philippe Etchebest traduit sans détour la nervosité et l'horreur que connaissent parfois certains employés : *Cauchemar en cuisine*. La **pression** subie et la **recherche de l'excellence** poussent parfois à des **gestes extrêmes** : celui, emblématique, que rapporte la marquise de Sévigné en narrant le suicide de François Vatel DOC 15 • p. 58 qui craignait de ne pouvoir offrir à ses hôtes royaux le repas auquel il s'était engagé.

Cette extrême tension peut également affecter les convives. **Incontournable convention**, le repas est pour certains une épreuve à affronter. Pensons ainsi à l'expression « passer à table » qui ne désigne pas uniquement le fait de prendre place pour manger, mais aussi ce moment pénible où il s'agit de passer aux aveux. « Table » rime désormais avec « insupportable » comme le montre Claude Chabrol dans *Que la bête meure* DOC 16 • p. 60, où un dîner entre époux devient le théâtre d'une **violente humiliation**.

Le repas de fête devient alors un véritable calvaire. La table, notamment lors des festivités de fin d'année DOC 17 • p. 61, ne sert plus qu'à marquer les **relations d'obligation** et la **hiérarchie** entre les membres de la famille.

DOC **15**

Madame de Sévigné
Lettre 161 (1648-1696)

Dans une lettre adressée à sa fille, la marquise de Sévigné (1626-1696) raconte le suicide du grand maître d'hôtel du règne de Louis XIV, François Vatel (1631-1671) qui voit son excellente réputation mise en péril par des soucis d'approvisionnement lors d'une fête prévue pour faire honneur au Roi. Mme de Sévigné souligne combien, derrière les plaisirs de la table, se dessinent de vives tensions qui peuvent s'avérer tragiques.

[La cuisine, une pression professionnelle tragique]

161. — DE MADAME DE SÉVIGNÉ À MADAME DE GRIGNAN.

À Paris, ce dimanche 26e avril.

Il est dimanche 26e avril; cette lettre ne partira que mercredi; mais ceci n'est pas une lettre, c'est une relation[1] que vient de me faire Moreuil, à votre intention, de ce qui s'est passé à Chantilly touchant Vatel. Je vous écrivis vendredi qu'il s'était poignardé: voici l'affaire en détail. Le Roi arriva jeudi au soir; la chasse, les lanternes, le clair de la lune, la promenade, la collation[2] dans un lieu tapissé de jonquilles, tout cela fut à souhait[3]. On soupa: il y eut quelques tables où le rôti manqua, à cause de plusieurs dîners où l'on ne s'était point attendu[4]. Cela saisit[5] Vatel; il dit plusieurs fois: « Je suis perdu d'honneur; voici un affront que je ne supporterai pas. » Il dit à Gourville[6]: « La tête me tourne, il y a douze nuits que je n'ai dormi; aidez-moi à donner des ordres. » Gourville le soulagea en ce qu'il put. Ce rôti qui avait manqué, non pas à la table du Roi, mais aux vingt-cinquièmes[7], lui revenait toujours à la tête. Gourville le dit à Monsieur le Prince. Monsieur le

1. **Relation:** récit.
2. **Collation:** repas léger.
3. **À souhait:** merveilleux.
4. **Où l'on ne s'était point attendu:** qui n'étaient pas prévus.
5. **Saisit:** piqua au vif, vexa.
6. **Jean Hérault de Gourville (1625-1703):** intendant des finances du prince de Condé.
7. À la vingt-cinquième table.

Prince[1] alla jusque dans sa chambre, et lui dit : « Vatel, tout va bien, rien n'était si beau que le souper du Roi. » Il lui dit : « Monseigneur, votre bonté m'achève ; je sais que le rôti a manqué à deux tables. — Point du tout, dit Monsieur le Prince, ne vous fâchez point, tout va bien. » La nuit vient : le feu d'artifice ne réussit pas, il fut couvert d'un nuage ; il coûtait seize mille francs. À quatre heures du matin, Vatel s'en va partout[2], il trouve tout endormi, il rencontre un petit pourvoyeur[3] qui lui apportait seulement deux charges de marée ; il lui demanda : « Est-ce là tout ? » Il lui dit : « Oui, Monsieur. » Il ne savait pas que Vatel avait envoyé à tous les ports de mer. Il attend quelque temps ; les autres pourvoyeurs ne viennent point ; sa tête s'échauffait, il croit qu'il n'aura point d'autre marée ; il trouve Gourville, et lui dit : « Monsieur, je ne survivrai pas à cet affront-ci ; j'ai de l'honneur et de la réputation à perdre. » Gourville se moqua de lui. Vatel monte à sa chambre, met son épée contre la porte, et se la passe au travers du cœur ; mais ce ne fut qu'au troisième coup, car il s'en donna deux qui n'étaient pas mortels : il tombe mort. La marée cependant arrive de tous côtés ; on cherche Vatel pour la distribuer ; on va à sa chambre ; on heurte[4], on enfonce la porte ; on le trouve noyé dans son sang ; on court à Monsieur le Prince, qui fut au désespoir. Monsieur le Duc pleura : c'était sur Vatel que roulait[5] tout son voyage de Bourgogne. Monsieur le Prince le dit au Roi fort tristement : on dit que c'était à force d'avoir de l'honneur en sa manière ; on le loua fort, on loua et blâma son courage. Le Roi dit qu'il y avait cinq ans qu'il retardait de venir à Chantilly, parce qu'il comprenait l'excès de cet embarras. Il dit à Monsieur le Prince qu'il ne devait avoir que deux tables, et ne se point charger de tout le reste. Il jura qu'il ne souffrirait plus que Monsieur le Prince en usât ainsi ; mais c'était trop tard pour le pauvre Vatel. Cependant Gourville

1. Louis II de Bourbon-Condé dit le Grand Condé (1646-1686), cousin de Louis XIV.
2. **S'en va partout :** fait le tour de tout le château.
3. **Pourvoyeur :** livreur.
4. **Heurte :** frappe.
5. **Roulait :** reposait.

tâche de réparer la perte de Vatel; elle le fut: on dîna très-bien, on fit collation, on soupa, on se promena, on joua, on fut à la chasse; tout était parfumé de jonquilles, tout était enchanté. [...]

3 questions pour vous guider...

1. L. 11-20 : relevez les éléments qui lors des préparatifs du repas mettent en évidence l'inquiétude grandissante de Vatel.
2. L. 23-32 : pourquoi Vatel ne cesse-t-il d'évoquer sa « réputation » (l. 31) ?
3. L. 41-45 : quelle est la réaction du Roi à l'annonce du suicide de Vatel ?

DOC **16**

Claude Chabrol
Que la bête meure (1969)

[La scène de ménage à table]

Dans ce thriller de 1969, Claude Chabrol (1930-2010) propose une peinture impitoyable des mœurs de la bourgeoisie. Charles Thénier (Michel Duchaussoy) cherche dans la France entière le chauffard qui a assassiné son fils. Un jour il rencontre Paul Decourt (Jean Yanne), et comprend que cet odieux personnage est le coupable. La tyrannie de Decourt atteint des sommets lors des dîners familiaux. « La cuisine, c'est le seul art qui ne mente pas », lance-t-il ainsi à sa femme qu'il humilie devant des convives horrifiés.

CAHIER PHOTOS • P. V

3 questions pour vous guider...

1. Décrivez les différentes composantes de l'image.
2. Qui préside la table ?
3. Quelle est la classe sociale représentée ici ? Justifiez.

DOC **17**

Thibaut Déléaz

« "Ma mère a quitté la table en sanglots" : pourquoi gâche-t-on toujours le repas de Noël avec des débats ? » (2023)

Dans cet article du quotidien Le Figaro, *le journaliste Thibaut Déléaz revient sur le délicat moment des fêtes de fin d'année. Les repas de réveillon, loin d'être perçus comme des temps joviaux et conviviaux, sont souvent le théâtre d'affrontements verbaux violents. Se réunir en famille autour d'un repas est pour beaucoup de convives une pesante obligation.*

[La table de fête, lieu de violentes disputes familiales]

Politique, rivalités familiales... On a beau tenter chaque année d'éviter les sujets brûlants à table, la dispute paraît inévitable tant il suffit d'un rien pour mettre le feu aux poudres.

« L'an dernier, c'est parti d'un truc futile[1], comme une traînée de poudre, se souvient Martin, 29 ans. Une remarque de mon père sur une salariée de l'entreprise familiale en arrêt depuis deux mois, qui déclenche un débat sur "les jeunes qui ne veulent plus travailler" et, en cinq minutes, ma mère quitte la table en sanglots en ayant interprété des arguments du débat comme une attaque personnelle. »

Dans la famille du jeune homme, le repas de Noël vire chaque année au conflit. Les trois quarts des Français disent avoir déjà connu une situation de tensions lors de ce rituel, selon un sondage Ifop publié en 2022. Malgré le soin apporté par chacun à les éviter, les débats de société finissent toujours par s'inviter à table et enflammer les convives. Au point que Martin en vient à stresser à l'idée de partager avec ses proches ce moment pourtant censé être convivial. « Et cette année, entre la guerre Israël-Hamas ou

1. **Futile :** sans importance.

la loi immigration, ce sont autant de bâtons de dynamite prêts à nous exploser entre les mains… »

Motifs futiles et alcool

Inéluctable, le repas de Noël qui tourne au vinaigre[1] ? Difficile en tout cas d'éviter les débats d'actualité. « On ne va pas non plus parler de la pluie et du beau temps, alors on parle de ce qu'on entend », dans les médias ou sur les réseaux, souligne le sociologue Jean Viard. Le repas de famille, estime-t-il, est un moment où l'on se retrouve « sans pour autant que ce ne soit un vrai espace d'intimité où l'on pourrait parler de soi, de ses problèmes ». Parler d'actualité devient finalement « un sujet neutralisant », qui peut toutefois « conduire à des engueulades monstrueuses ! »

Dans une famille, qui plus est quand elle s'enrichit des gendres et belles-filles, on n'a évidemment pas tous les mêmes opinions. Entre le tonton chasseur qui trouve qu'il y a trop d'immigration, la belle-sœur végane et de gauche, l'adolescent révolutionnaire et anticapitaliste et la grand-mère qui soutient que « c'était mieux avant », cela fait souvent beaucoup de façons opposées de voir le monde autour d'une même table pour éviter le dérapage, même si l'on pensait éviter les sujets d'actualité et la politique.

« Les disputes partent souvent d'un motif futile » qui met le feu aux poudres, acquiesce Sylvie Angel, psychiatre et thérapeute familiale. « Je reçois souvent des patients qui, trois à quatre ans après, sont marqués par la dispute mais sont incapables de se rappeler pourquoi elle a commencé. » À table, la consommation d'alcool n'aide pas. « Ça désinhibe[2], et accroît le risque de dérapage », pointe la psychiatre.

Rivalités et non-dits

Au-delà de la question explosive du débat politique à table, il y a en fait mille autres raisons pour que les fêtes virent au drame.

---

1. Tourne au vinaigre : tourne à l'affrontement.

2. Désinhibe : ôte toute limite.

Et cela commence bien avant Noël, pointe Sylvie Angel. « Il y a déjà le casse-tête du choix de la date et des invités : l'organisation donne la météo de l'ambiance. » Le jour J est souvent stressant, notamment pour l'hôte qui s'occupe du repas. Vient ensuite la répartition des places – et la vexation de celui qui se retrouve exilé en bout de table pour la quatrième année de suite. Puis la colère – intérieure pour l'instant – des hôtes qui trouvent que le gendre n'aide pas assez à débarrasser les assiettes.

Dans cette ambiance tendue de non-dits et de rivalités plus ou moins assumées, la moindre étincelle devient fatale. « Ce peut être une remarque sur l'éducation des enfants, un jugement sur un choix de vie, une expression maladroite, un cadeau mal interprété... liste Sylvie Angel. Et en quelques secondes, ce moment censé être le plus beau de l'année peut basculer. »

Et si une bonne dispute permet parfois de résoudre des problèmes, en verbalisant puis évacuant des frustrations gardées pour soi depuis des années, ce ne serait pas le cas dans les repas de famille, assure la psychiatre. « La discussion de groupe n'est pas un moment pour s'expliquer. Tout le monde va s'en mêler, il n'y aura pas de parole claire... »

Pas de fatalité

Il n'y a pourtant pas de fatalité, promet Sylvie Angel. Venir simplement en faisant l'effort que le repas se passe bien ne suffit manifestement pas : il faut prendre d'autres précautions pour ne pas risquer la rupture familiale. La tolérance – face à un cadeau raté ou un choix de vie déconcertant – est finalement le meilleur bouclier à Noël, selon la thérapeute. Si certains viennent manifestement à reculons ou refusent catégoriquement de participer, Sylvie Angel estime qu'« il faut essayer de comprendre ce qui a été difficile à digérer pour eux dans les Noëls précédents » [...].

« "Ma mère a quitté la table en sanglots" : pourquoi gâche-t-on toujours le repas de Noël avec des débats ? », © lefigaro.fr, 23 décembre 2023 ■

3 questions pour vous guider...

1. L. 11-14 : combien de Français, selon le sondage Ifop, « disent avoir déjà connu une situation de tensions » lors des repas des fêtes de fin d'année ?
2. L. 46-68 : quelles sont les deux raisons principales pour lesquelles les repas de fêtes peuvent tourner à l'affrontement ?
3. L. 69-78 : comment, selon Sylvie Angel, éviter que les repas tournent à l'affrontement familial systématique ?

C Des inégalités sociales à vif

« Dis-moi ce que tu manges, je te dirai combien tu gagnes », pourrait-on dire en paraphrasant la loi fondatrice de la gastronomie par Brillat-Savarin. Car, depuis l'Antiquité, l'alimentation témoigne des **inégalités sociales**. Tout le monde n'a pas la possibilité de manger à sa faim, et encore moins d'offrir à sa table des mets raffinés, rares et délicats.

Les inégalités devant l'assiette renvoient au milieu socioprofessionnel et aux représentations associées à différents aliments. Le sociologue Pierre Bourdieu DOC 18 • p. 65 montre ainsi que la prédilection pour les aliments riches et gras signe l'appartenance à certaines classes sociales. Loin d'être l'expression d'une préférence individuelle, **le goût est une construction sociale**.

De même, ce que l'on appelle « arts de la table » désigne avant tout les pratiques d'une certaine classe qui, sous couvert de distinction et d'excellence, manifeste sa **domination** et son **pouvoir d'intimidation** à l'encontre des autres classes sociales. Le travail pictural de James Tissot DOC 19 • p. 68 sur les repas de la bourgeoisie du XIXe siècle en témoigne : il saisit un art du raffinement qui éclipse la présence de toute autre classe sociale.

Car manger ne va hélas toujours pas de soi. Il demeure pour beaucoup trop de gens une **nécessité qui peine à être satisfaite**. Mathieu Palain DOC 20 • p. 68 revient sur la difficulté de

Frederick George Cotman, *Un membre de la famille* (1880)

→ PRÉSENTATION ET QUESTIONS • CHAPITRE 1, DOC 6, P. 27

Toyohara Chikanobu, *La Cérémonie du thé* (1895)

→ PRÉSENTATION ET QUESTIONS • CHAPITRE 1, DOC 8, P. 32

Affiche du film *Festen* (1998), de Thomas Vinterberg

→ PRÉSENTATION ET QUESTIONS • CHAPITRE 2, CINÉ&CIE, P. 44

Photo extraite du film *La Grande Bouffe* (1973), de Marco Ferreri

→ PRÉSENTATION ET QUESTIONS • CHAPITRE 2, DOC 14, P. 56

Photo extraite du film *Que la bête meure* (1969), de Claude Chabrol

→ PRÉSENTATION ET QUESTIONS • CHAPITRE 2, DOC 16, P. 60

James Tissot, *Les Femmes d'artistes* (1883-1885)

→ PRÉSENTATION ET QUESTIONS • CHAPITRE 2, DOC 19, P. 68

Photo extraite de la série *Ici tout commence* (2020-2024), de Coline Assous, Éric Fuhrer et Othman Mahfoud

→ PRÉSENTATION ET QUESTIONS • CHAPITRE 3, DOC 25, P. 95

Vik Muniz, *Medusa Marinara* (1997)

→ PRÉSENTATION ET QUESTIONS • CHAPITRE 3, DOC 27, P. 98

certaines et certains à se nourrir, y compris dans le « pays de la bouffe » qu'est la France. Il nous rappelle ainsi que c'est en France qu'est née la **soupe populaire**, destinée à celles et ceux qui, aujourd'hui encore, ne peuvent s'asseoir à aucune table.

DOC **18**

PIERRE BOURDIEU
La Distinction. Critique sociale du jugement (1979)

Dans son enquête La Distinction, *le sociologue Pierre Bourdieu (1930-2002) analyse les pratiques culturelles du monde contemporain. Ces pratiques, qui ne sont pas neutres, obéissent à une logique du jugement social de la distinction : le capital culturel, mobilisé par les classes sociales supérieures, exerce une domination dans des domaines parfois insoupçonnés. C'est le cas de la cuisine où les inégalités sont criantes : les classes supérieures choisissent une nourriture rare, fine et légère, laissant le gras et le lourd aux autres.*

[La cuisine comme distinction sociale]

Ainsi, lorsqu'on va des ouvriers aux patrons du commerce et de l'industrie, en passant par les contremaîtres et les artisans et les petits commerçants, le frein économique tend à se relâcher sans que change le principe fondamental des choix de consommation : l'opposition entre les deux extrêmes s'établit alors entre le *pauvre* et le (nouveau) *riche*, entre la « bouffe » et la « grande bouffe » ; les nourritures consommées sont de plus en plus riches (c'est-à-dire à la fois coûteuses et riches en calories) et de plus en plus lourdes (gibier, foie gras). Au contraire, le goût des professions libérales[1] ou des cadres supérieurs constitue négativement le goût populaire comme goût du lourd, du gras, du grossier, en s'orientant vers le léger, le fin, le raffiné : l'abolition des freins économiques

1. **Professions libérales :** métiers des indépendants non-salariés.

s'accompagne du renforcement des censures sociales qui interdisent la grossièreté et la grosseur au profit de la distinction et de la minceur. Le goût des nourritures rares et aristocratiques incline à une cuisine de tradition, riche en produits chers ou rares (légumes frais, viandes, etc.). Enfin, les professeurs, plus riches en capital culturel[1] qu'en capital économique, et portés de ce fait aux consommations ascétiques[2] dans tous les domaines, s'opposent quasi consciemment, par une recherche de l'originalité au moindre coût économique qui s'oriente vers l'exotisme (cuisine italienne, chinoise, etc.) et le populisme[3] culinaire (plats paysans), aux (nouveaux) riches et à leurs nourritures riches, vendeurs et consommateurs de « grosse bouffe », ceux que l'on appelle parfois les « gros », gros de corps et grossiers d'esprit, qui ont les moyens économiques d'affirmer avec une arrogance perçue comme « vulgaire » un style de vie resté très proche, en matière de consommations économiques et culturelles, de celui des classes populaires.

Il va de soi qu'on ne peut autonomiser[4] les consommations alimentaires, surtout saisies à travers les seuls *produits* consommés, par rapport à l'ensemble du style de vie : ne serait-ce que parce que le goût en matière de *plats* (dont les produits, surtout au degré d'indétermination où la statistique les saisit, ne peuvent donner qu'une idée très approximative) est associé, par l'intermédiaire du mode de préparation, à toute la représentation de l'économie domestique et de la division du travail entre les sexes, le goût pour les *plats cuisinés* (pot-au-feu, blanquette, daube) qui demandent un fort investissement de temps et d'intérêt étant en affinité avec une conception traditionnelle du rôle féminin : c'est ainsi que l'opposition est particulièrement marquée, sous ce rapport, entre les

---

1. Capital culturel : expression employée par Pierre Bourdieu pour déterminer l'ensemble des ressources culturelles d'une personne, de la même manière qu'elle peut être riche d'un capital économique.

2. Ascétiques : qui se restreignent volontairement.

3. Populisme : approche politique qui oppose artificiellement le peuple aux élites.

4. Autonomiser : rendre totalement indépendant.

classes populaires et les fractions dominées de la classe dominante où les femmes, dont le travail a une forte valeur marchande (ce qui contribue sans doute à expliquer qu'elles aient une plus haute idée de leur valeur), entendent consacrer en priorité leur temps libre au soin des enfants et à la transmission du capital culturel et tendent à mettre en question la division traditionnelle du travail entre les sexes; la recherche de l'économie de temps et de travail dans la préparation se conjugue avec la recherche de la légèreté et de la faible teneur en calories des produits pour incliner vers les grillades et les crudités (les « salades composées ») et aussi vers les produits et les plats surgelés, les yaourts et les laitages sucrés, autant de choix qui sont aux antipodes[1] des plats populaires, dont le plus typique est le *pot-au-feu*, fait de viande à bon marché et bouillie – par opposition à grillée ou rôtie –, mode de cuisson inférieur qui demande surtout du temps. Ce n'est pas par hasard que cette forme de cuisine – on dit d'une femme qui se consacre entièrement à son foyer qu'elle est « pot-au-feu » – symbolise un état de la condition féminine et de la division du travail entre les sexes comme les *pantoufles* que l'on chausse avant le dîner symbolisent le rôle complémentaire dévolu à l'homme.

La Distinction. Critique sociale du jugement,

3 questions pour vous guider...

1. L. 1-15 : énumérez les caractéristiques du goût populaire culinaire selon Pierre Bourdieu.
2. L. 17-28 : qui sont, selon P. Bourdieu, les amateurs de « grosse bouffe » (l. 24) ?
3. L. 52-60 : en quoi l'expression « *pot-au-feu* » (l. 57) pour désigner une maîtresse de maison est-elle révélatrice pour P. Bourdieu ?

1. Aux antipodes : à l'opposé.

DOC **19**

JAMES TISSOT
Les Femmes d'artistes (1883-1885)

[La table, lieu de l'élite]

Peintre français qui passa une large partie de sa vie à Londres, James Tissot (1836-1902) est un fin observateur des mœurs de la bourgeoisie. L'un de ses tableaux les plus connus, Les Femmes d'artistes, *décrit le raffinement des plats servis aux jeunes femmes vêtues d'élégantes et riches toilettes. Mais Tissot prend toujours soin, en représentant aussi les serveurs, de mettre en évidence les disparités sociales…* CAHIER PHOTOS • P. VI

3 questions pour vous guider...

1. Décrivez les différentes composantes du tableau.
2. Comment sont habillées les femmes ?
3. Les clientes du restaurant sont-elles, selon vous, venues uniquement pour manger ? Justifiez votre réponse.

DOC **20**

MATHIEU PALAIN
Au pays de la bouffe (2024)

Dans ce bref récit, l'écrivain Mathieu Palain (né en 1988) revient sur la grave crise que les Restos du cœur ont traversée en 2023. Fondée par Coluche en 1985, cette association a pour but de servir des repas aux plus démunis. Or, en raison de l'inflation, les Restos du cœur se sont retrouvés à l'hiver 2023 dans une situation inédite : devant le nombre grandissant de personnes demandeuses, les conditions d'accès à l'aide alimentaire ont dû être revues. Les bénéficiaires sont désormais sélectionnés.

[Avoir faim]

C'est un hangar coincé sous l'autoroute A4. Il fait un temps de chien. La campagne d'hiver s'ouvre dans un quart d'heure et, pour la première fois de leur histoire, les Restos vont refuser du monde. Plus de pauvres, moins de produits et des prix qui s'envolent... Avant, les quatre cent cinquante familles qui passaient ici chaque semaine recevaient l'équivalent de six repas par personne, maintenant c'est quatre, et encore. « Je sais que c'est cruel de dire non à une maman, mais je vous demande de la rigueur. Si on veut que tout le monde sorte d'ici avec quelque chose dans son panier, on doit respecter les consignes », martèle Christine, la directrice du centre, en s'adressant aux têtes blanches qui composent ses troupes. Christine a la quarantaine, des cheveux bruns aux épaules, des chaussures de randonnée et une polaire sur un col roulé. Sa première fois ici, c'était comme tout le monde, pour se sentir utile, apporter sa pierre à l'édifice. Elle aurait pu aider ailleurs mais elle s'est dit : « Là, au moins, je sais où vont les dons. » À l'époque, elle travaillait comme chargée d'études pour une petite boîte de cosmétiques. Puis le Covid est arrivé et ça a été son tour de traverser le désert. Du chômage partiel, d'abord. Elle ne devait pas s'en faire, c'était provisoire, une question de semaines, de mois peut-être. Puis le provisoire est devenu permanent et Christine a décidé, puisqu'elle avait du temps, de s'investir deux fois plus dans la vie des Restos. Conduire le camion à l'aube pour sauver ce que les supermarchés s'apprêtent à jeter aux ordures, gérer les stocks, surveiller les dates de péremption, penser à offrir du café aux parents, des bonbons aux enfants... S'aider soi-même en aidant les autres. Christine a retrouvé du travail. Elle ne gagne pas des fortunes mais les horaires aménagés lui permettent de passer ici tous les après-midis, et c'est sans doute le principal, car il lui serait impensable d'abandonner des mamans qu'elle retrouve chaque hiver, les cernes un peu plus noires et les traits plus creusés, la honte en bandoulière. « Certaines me disent : "Si je n'avais pas mes enfants, je ne viendrais pas. Mais ça fait trois jours qu'on n'a rien mangé." » Elle raconte ça à toute vitesse et sans me regarder, passant en revue des étagères pleines à craquer de paquets de céréales, de pots de confiture et de cassoulet en conserve.

Dehors la file s'allonge sous la bruine. C'est une pluie fine et désagréable, qui finira par tout tremper comme le déluge. À deux minutes de l'ouverture des portes, un bénévole tire sa voisine par la manche.

« T'as compris le nouveau système, toi ?

– Pas tout, non. Mais en gros, maintenant, on sélectionne. »

Les filles de l'accueil vérifient les dossiers. Les gens sont-ils assez pauvres ? Dit comme ça, c'est choquant, mais c'est exactement le but de la sélection : rembarrer ceux qui dépassent le plafond pour réserver les produits à ceux qui en ont le plus besoin. Ne croyez pas qu'il suffit de perdre son job pour prétendre à la distribution. Si vous êtes SDF et que vous touchez le RSA, par exemple, il est possible qu'on vous refuse l'accès, justement parce que vous ne payez pas de loyer. Cet argent que vous verse l'État, ces 607 euros et des brouettes, il ne vous sert qu'à ça : trouver de quoi manger.

Au pays de la bouffe, © La Lettre Zola, n° 2, 2024, www.lettrezola.fr ■

3 questions pour vous guider...

1. L. 2-7 : pourquoi les Restos du cœur sont-ils, cette année, contraints de refuser du monde ?
2. L. 32-36 : pourquoi la mère de famille vient-elle aux Restos du cœur ?
3. Expliquez la question suivante : « Les gens sont-ils assez pauvres ? » (l. 43-44).

1 L'exposé : le banquet, pour quoi faire ?

En vous appuyant sur les dernières pages de plusieurs volumes de la série *Astérix et Obélix* d'Albert Uderzo et René Goscinny, et en le confrontant à la lecture de l'article de Michel Eltchaninoff sur les banquets dans cette bande dessinée, vous restituerez dans le cadre d'un exposé les raisons pour lesquelles chaque aventure des deux héros gaulois s'achève sur un banquet de village.

Michel Eltchaninoff, « Astérix et l'éternel banquet final », *Philosophie Magazine*, hors-série, novembre 2014
hatier-clic.fr/2944812_07

Les conseils pour nourrir sa réflexion

a. Choisissez trois volumes d'*Astérix* publiés à plusieurs décennies d'intervalle afin de mesurer la permanence des scènes de banquets dans cette bande dessinée.
b. Observez dans chacune des scènes la place réservée aux dialogues entre les personnages.

2 Le développement argumenté : se mettre à table ou se mettre en scène ?

Après avoir visionné le film de Luis Buñuel, *Le Charme discret de la bourgeoisie* (1972) et avoir pris connaissance de l'article de Clara Degiovanni, vous réfléchirez au thème suivant dans le cadre d'un développement argumenté (500 mots) : en quoi le repas est-il un lieu de représentation sociale, théâtre de joies ou de violences ?

Luis Buñuel, *Le Charme discret de la bourgeoisie* (extrait), 1972
hatier-clic.fr/2944812_08

Clara Degiovanni, « Pourquoi l'on se dispute pendant les repas de famille (et comment y remédier) », *Philosophie Magazine*, 22/12/2023
hatier-clic.fr/2944812_09

Les conseils pour argumenter

a. Établissez les points communs et les différences entre les scènes de repas du film de Luis Buñuel.
b. Identifiez dans l'article de Clara Degiovanni les raisons pour lesquelles le repas est un espace théâtralisé.

3 Le débat : le repas de famille, convivialité ou rivalité ?

En fondant votre réflexion sur cette émission de radio consacrée aux repas de famille, vous organiserez un débat sur le thème suivant : les repas de famille, plaisir ou corvée ?

Flavie Flament, « Qu'est-ce qui se joue dans les repas de famille ? », dans *On est fait pour s'entendre*, RTL, 25/04/2017
hatier-clic.fr/2944812_10

Les conseils pour débattre

a. Relevez au cours de l'émission les arguments qui, d'un côté, présentent les repas de famille comme un plaisir et, de l'autre, ceux qui en font un moment de corvée.
b. Préparez en amont du débat quelques exemples précis de repas tiré de ce chapitre, afin de pouvoir appuyer votre point de vue.

La table : un révélateur social ?

Document 13 • Émile Zola, *L'Assommoir* (p. 54).
Document 16 • Claude Chabrol, *Que la bête meure* (p. 60).
Document 18 • Pierre Bourdieu, *La Distinction. Critique sociale du jugement* (p. 65).

■ Première partie : Questions (/10 points)

Une réponse développée et argumentée, qui s'appuiera sur des éléments précis des textes et documents, est attendue pour chacune des trois questions.

Question 1 – Documents 13 et 16
À la lumière des documents 13 et 16, expliquez en quoi les deux repas présentés s'opposent en tous points.

Question 2 – Documents 16 et 18
À quelle catégorie sociale établie par Pierre Bourdieu, appartient le repas mis en scène par Claude Chabrol ?

Question 3 – Documents 13, 16 et 18
En quoi le texte de P. Bourdieu permet-il de saisir les différences sociales qui s'établissent entre les repas représentés par É. Zola et C. Chabrol ?

Les conseils pour réussir

a. Lisez le texte d'Émile Zola en confrontant ce que Pierre Bourdieu dit des repas des classes défavorisées.
b. Mettez en évidence dans le document iconographique les éléments qui renseignent sur la classe sociale des personnages.
c. Identifiez dans le texte de Pierre Bourdieu les aliments qui caractérisent les classes privilégiées.

■ Deuxième partie : Essai (/10 points)

Vous traiterez, au choix, l'un des deux sujets d'essai.
Vous traiterez le sujet choisi de façon personnelle et argumentée en vous appuyant notamment sur vos lectures, sur le travail de l'année, sur le corpus et sur votre culture personnelle.

Sujet A. Selon vous, en quoi la cuisine est-elle le théâtre de distinctions sociales ?

Les conseils pour réussir

a. Relisez attentivement le texte de Pierre Bourdieu afin de dresser les différences sociales que le sociologue établit entre les repas des classes favorisées et les autres.
b. Consacrez un temps de votre réflexion à la manière dont les convives se servent à table en vous appuyant sur la description qu'en fournit Émile Zola.

Sujet B. Considérez-vous que, comme le personnage interprété par Jean Yanne dans le film de Claude Chabrol, « la cuisine, c'est le seul art qui ne mente pas » (doc. 16).

Les conseils pour réussir

a. Visionnez de nouveau la scène de repas chez Claude Chabrol afin de pouvoir contextuellement situer la réplique de Jean Yanne.
b. Relisez le chapitre 2 afin de comprendre en quoi le repas peut être un lieu de la révélation de la vérité.

CHAPITRE 3

Le repas de nos jours : **perte de sens** ou **réinvention** ?

et pour entrer
dans le vif du sujet…

p. 76

CINÉ & Ci

UN FILM :
Fast Food Nation, de Richard Linklater (2006)

Présentation du film

En Californie du Sud, Don Henderson est responsable marketing d'une chaîne de restauration rapide prospère, Mickey's Fast Food Restaurants. Mais un jour, de la viande contaminée est détectée dans le burger phare de l'enseigne : le Big One. C'est un séisme commercial pour la marque et Don est chargé de mener l'enquête pour comprendre les causes de cette catastrophe alimentaire. Il rencontre les fournisseurs et découvre alors les abattoirs abjects, les élevages surpeuplés, les employés clandestins et les centres commerciaux où les consommateurs sont eux-mêmes traités comme de la marchandise par l'industrie du fast-food...

Le lien avec le thème

Que dissimule l'engouement occidental pour les burgers et plus largement pour les chaînes de fast-food ? Le prix très bas de ces sandwiches ne masque-t-il pas une triple maltraitance : celle proposant des produits ultra-transformés nuisibles à la santé, celle exploitant des employés sans papiers soumis à des cadences infernales, et celle faisant fonctionner une société de profit qui dévore ses propres clients, jugés tous interchangeables ?

Le succès des fast-foods interroge notre rapport à la cuisine : les hamburgers sont-ils le signe d'une réinvention du repas qui propose de nouveaux codes de la commensalité ? Ou bien les burgers ne sont-ils finalement, en tant que symboles de l'industrie consumériste, qu'un produit qui fait perdre tout sens à la cuisine ?

Observez l'affiche du film

3e DE COUVERTURE

1. Décrivez les différentes composantes de l'image.

2. Pour quelle raison les hamburgers occupent-ils une large part de l'affiche ?

3. Pourquoi avoir choisi de mettre en scène un bébé ? Que représentent pour lui les deux hamburgers vers lesquels il tend les bras ?

Visionnez le film et commentez-le !

1. Comment est accueillie la nouvelle de la contamination de la viande dans la scène de conseil d'administration qui réunit les directeurs de Mickey's Fast Food Restaurant ? Que décident-ils ?
2. Que fait l'employé en cuisine de Mickey's Fast Food Restaurant lorsqu'il prépare un Big One pour Don Henderson, alors que celui-ci discute avec Amber, qui tient la caisse ? Comment interprétez-vous ce geste ?
3. Pourquoi Amber décide-t-elle de quitter la chaîne de fast-foods ? Quels motifs expose-t-elle à son manager ?

UN PODCAST : « Culture bistrot », France Inter (26 mai 2024)

hatier-clic.fr/2944812_11

De quoi parle-t-on ?

Dans cet épisode de son émission hebdomadaire du dimanche, François-Régis Gaudry reçoit Laurent Bihl, un historien des médias qui s'est penché sur l'histoire des bistrots parisiens. Alors que les fast-foods et les kebabs se multiplient, le bistrot à l'ancienne, avec sa cuisine traditionnelle, est-il encore apprécié culinairement ? Est-il toujours un modèle de convivialité ? Ou doit-il chercher à se renouveler pour séduire une clientèle plus jeune et moins aisée ?

À écouter pour le thème

Juste avant l'heure du repas dominical, cette émission interroge les nouveaux modes de restauration selon deux critères : les plats servis dans les bistrots conviennent-ils encore aux goûts actuels ? Les bistrots ont-ils su préserver leur caractère populaire ou sont-ils aujourd'hui hors de portée des ménages modestes ?

Les inquiétudes de Dan, le héros de *Fast Food Nation*, étaient fondées : depuis le début des années 2000, la malbouffe prospère partout. Derrière les burgers alléchants et bon marché mis en avant par l'industrie de la restauration rapide, se cache un gigantesque scandale agroalimentaire. Pourtant, le burger se retrouve aujourd'hui à la carte des restaurants même les plus traditionnels. Alors, qu'en est-il du repas aujourd'hui ? Est-il en train de **perdre toute saveur et tout sens** ? Ou bien peut-il au contraire **se réinventer** ?

Pour le savoir, il faut examiner les **nouveaux modes de restauration**. Le succès des fast-foods s'explique en partie par les difficultés économiques et sociales d'une partie des consommateurs, soucieux de s'alimenter à moindre coût. À un autre niveau, la « bistronomie », habile compromis entre cuisine de bistrot traditionnelle et culture gastronomique, est née de la volonté de rendre la gastronomie plus abordable. Enfin, l'essor de la livraison à domicile traduit l'apparition d'un nouveau rapport à l'alimentation, qui profite des facilités permises par les plateformes numériques.

Les Français auraient-il délaissé tout intérêt, tout **goût pour la cuisine** ? La multiplication des émissions télévisées sur la gastronomie, sans parler des réseaux sociaux où prolifère le « food porn », démontrent le contraire. Mais comment apprécier cette cuisine quand les plats, à l'écran, privilégient leur apparence plutôt que leur consommation ? Comment peuvent-ils susciter **l'échange et le partage** consubstantiels au repas ?

Car le repas, celui que l'on prépare et que l'on mange, demeure l'**un des premiers vecteurs du lien social**. Accueillir l'autre autour d'une table pour partager un bon plat, n'est-ce pas rendre tangible une notion clé du vivre-ensemble : l'hospitalité ?

A De nouveaux modes de restauration ?

« Mon père écarquille les yeux, les burgers ont trop de couleurs, il est sur le point de capituler », se souvient la narratrice dans *En salle* de Claire Baglin, ouvrage paru en 2022. Ce père, d'abord méfiant, va bientôt partager la fascination de sa fille pour les fast-foods qui les détourneront des repas traditionnels autour de la table familiale.

Ainsi, depuis le début du millénaire, de **nouveaux modes de restauration** s'imposent, liés aux mutations sociales et économiques qui secouent le monde occidental DOC 21 • p. 80. Le développement des fast-foods – que ceux-ci proposent burgers, kebabs ou encore tacos –, témoigne d'une transformation du tissu urbain où pointent de violentes inégalités sociales, mais aussi des opportunités de création d'entreprises de restauration.

Car la cuisine ne cesse de **s'adapter à l'évolution des modes de vie et des attentes**. Si elle cherche à répondre aux difficultés des revenus modestes, elle entreprend aussi de démocratiser les savoir-faire culinaires, comme en témoigne ces dernières années l'émergence d'un concept mixte, traduit par le néologisme de « bistronomie » DOC 22 • p. 84 : un bistrot qui propose une carte aux prix abordables, tout en conjuguant le talent et l'inventivité d'un chef parfois étoilé.

Aussi éloignés qu'ils puissent paraître, fast-food, bistronomie et établissements plus conventionnels ont en commun de proposer de plus en plus souvent la **consommation de** leurs **plats à domicile**, par l'intermédiaire de plateformes numériques de livraison. Favorisée par la période des confinements du début des années 2020, cette nouvelle manière de se restaurer est en plein essor. Mais savourer un plat de restaurant chez soi, souvent au mépris des conditions de travail et des courses folles des livreurs que dénonce Mathieu Lauverjat DOC 23 • p. 88, n'est-ce pas une **nouvelle forme de domination** ?

DOC **21**

MARIE CHARREL
« Kebabs, burgers, tacos : ce que l'explosion des fast-foods dit de la France » (2023)

Dans cet article pour le quotidien Le Monde, *la journaliste Marie Charrel revient sur une mutation profonde des habitudes alimentaires des Français. Convertie tardivement aux fast-foods, la population de l'Hexagone voit désormais se multiplier quantité d'enseignes de restauration rapide. Pour la spécialiste des questions de société, ce succès toujours plus important s'explique par l'inégalité sociale et les mutations urbaines.*

[La mode du fast-food]

La surreprésentation de la restauration rapide dans certains secteurs illustre les mutations urbaines, les inégalités de revenus, mais aussi les opportunités de créations d'entreprises dans les quartiers populaires.

Au cœur du forum parisien des Halles, d'immenses donuts se dressent sur une façade blanche, accompagnés de slogans humoristiques, comme celui-ci : « Macaron, démission[1] ! » [...] Le 6 décembre, la chaîne américaine Krispy Kreme ouvrira ici son premier point de vente en France. Tout un symbole.

« Ce sera le temple du donut, sur 550 mètres carrés », s'enorgueillit Alexandre Maizoué, directeur général de la filiale française. Celle-ci n'a pas choisi les Halles[2] par hasard : « C'est un lieu d'hyperflux où convergent travailleurs, étudiants et touristes : idéal pour la restauration rapide. » De fait, les grandes enseignes américaines, McDonald's, Burger King ou encore KFC, sont toutes présentes dans le quartier [...].

---

1. Allusion au slogan des manifestations anti-Macron : « Macron, démission ! ».

2. **Les Halles :** quartier central de Paris.

« Lieux de sociabilité, épicentre[1] des nouvelles habitudes alimentaires, les fast-foods sont un laboratoire idéal pour étudier nos modes de vie et ce qui se passe dans nos villes depuis quarante ans », observe Luc Gwiazdzinski, géographe et spécialiste de l'espace urbain à l'École nationale supérieure d'architecture de Toulouse.

De fait, la restauration rapide est entrée dans les mœurs tricolores depuis l'arrivée du premier McDo, en 1972. « Parce que nous sommes toujours plus pressés et ne rentrons plus chez nous pour déjeuner », résume Éric Birlouez, sociologue de la restauration. Tout en soulignant que du poke bowl[2] aux pizzas en passant par les tacos et les onigiris[3], l'offre de ces enseignes est de plus en plus diversifiée. Et loin de se résumer à la malbouffe[4].

« Une place importante dans l'offre alimentaire »

[...] La base de données Sirene[5], de l'Insee, montre que leur nombre dépasse désormais celui des restaurants traditionnels dans beaucoup de villes, comme Marseille ou Nantes. Mais aussi, dans certains quartiers du nord de Paris, de Seine-Saint-Denis et du Val-de-Marne, où les revenus médians[6] sont peu élevés.

« En Île-de-France, les quartiers prioritaires de la politique de la ville sont ceux où les fast-foods occupent une place importante dans l'offre alimentaire », explique Capucine Frouin, docteure en urbanisme de l'université Paris-Est Créteil, qui travaille sur ces questions. Ce n'est pas tout, ajoute-t-elle : « Les commerces de fruits et légumes frais y sont aussi moins nombreux, l'environnement alimentaire y est moins favorable à la santé. » [...]

---

1. **Épicentre :** foyer.
2. **Poke bowl :** spécialité culinaire hawaïenne à base de poisson cru mariné et de légumes.
3. **Onigiris :** spécialité culinaire japonaise qui consiste en du riz enveloppé d'une algue.
4. **Malbouffe :** terme qui désigne une cuisine industrielle dont les effets nocifs sur la santé sont régulièrement dénoncés par les autorités sanitaires.
5. **Sirene :** base de données qui répertorie les entreprises en activité sur le sol français.
6. **Médians :** moyens.

Or, l'obésité est près de deux fois plus fréquente au sein des ménages les plus modestes (18 % chez les ouvriers et employés) que parmi les plus aisés (10 % chez les cadres supérieurs), rappelle l'Observatoire des inégalités. Bien sûr, celle-ci est le fruit de facteurs complexes, à commencer par la sédentarité et l'excès d'aliments ultratransformés. « Mais les fast-foods y contribuent aussi : certains proposent des repas d'une grande pauvreté nutritionnelle qui, consommés plus d'une fois par semaine, favorisent l'apparition de maladies cardio-vasculaires », explique Ghislain Grodard-Humbert, président de l'Association française des diététiciens nutritionnistes.

Petits budgets

En outre, la surreprésentation de kebabs ou burgers (en particulier ceux tenus par des indépendants) dans certains quartiers et centres-villes est parfois désignée comme le symptôme de leur paupérisation[1]. « C'est plus complexe que cela : elle illustre aussi les errements de nos choix d'aménagements commerciaux et d'urbanisme », explique Pierre Raffard, géographe spécialiste de l'alimentation.

À l'exemple des zones commerciales périurbaines qui siphonnent les boutiques traditionnelles de certains centres-villes, où seuls les fast-foods, accessibles aux petits budgets, tiennent le coup. Ou des commerces peu à peu partis des grands ensembles de banlieue parisienne où ils étaient à l'origine inclus. [...] Restent alors les petites épiceries, bars-tabacs multiservices, boutiques de téléphonie et fast-foods.

Il faut dire que ces derniers sont aussi l'une des options les plus simples pour créer une entreprise dans les quartiers populaires. « On y trouve une créativité incroyable, souvent sous les radars », souligne Mathieu Cornieti, d'Impact Partners, un fonds qui accompagne ces entrepreneurs. Et loin de se résumer aux seuls kebabs.

---

1. **Paupérisation :** appauvrissement.

O'Tacos, maître du genre

[...] « Je rêvais de monter un salon de thé, mais la restauration rapide était à la fois plus facile et plus adaptée à la clientèle que je ciblais », témoigne Maria Niakate. *Wings & Chills*, qu'elle a créé en 2020, compte aujourd'hui deux restaurants, à Montreuil (Seine-Saint-Denis) et à Paris. [...]

Son succès tient en partie à la communauté qu'elle a fédérée sur TikTok, où elle poste régulièrement des vidéos. En la matière, les maîtres du genre sont les créateurs d'*O'Tacos*, lancé en 2007 près de Grenoble, dans l'Isère. « J'étais plaquiste[1] dans le bâtiment, personne ne croyait en nous », raconte Patrick Pelonero, l'un des cofondateurs. La chaîne (350 restaurants aujourd'hui) a connu un succès fulgurant en touchant les influenceurs sur les réseaux sociaux. Et en assumant le côté ultra-calorique de ses tacos fourrés de frites et fromage, décriés par les nutritionnistes. « Et alors ? soupire Patrick Pelonero. Nous sommes la *success story* française d'un fast-food né en banlieue, et nous en sommes fiers. »

« Kebabs, burgers, tacos : ce que l'explosion des fast-foods dit de la France »,

3 questions pour vous guider...

1. Pourquoi, selon Luc Gwiazdzinski, « les fast-foods sont un laboratoire idéal pour étudier nos modes de vie » (l. 18-19) ?
2. Pour quelles raisons, selon Capucine Frouin, peut-on dire que lorsque des fast-foods sont implantés dans un espace urbain, « l'environnement alimentaire y est moins favorable à la santé » (l. 41-42) ?
3. L. 75-91 : comment s'explique auprès du jeune public le succès de *O'Tacos* la chaîne de restauration rapide ?

---

1. Plaquiste : ouvrier spécialisé en travaux de finition intérieure et d'isolation.

DOC **22**

Alexandre Cammas
« La bistronomie fait joliment vaciller les grands chefs »
(2012)

Dans l'une de ses chroniques pour le quotidien Libération, *le critique gastronomique Alexandre Cammas revient sur la mode de la bistronomie en détaillant les raisons de son succès. Alliant la simplicité du bistrot traditionnel au raffinement de la cuisine gastronomique, la « bistronomie » propose une alternative aux grandes tables onéreuses de la « nouvelle cuisine ».*

[Une nouvelle pratique : la « bistronomie »]

En France, tout est toujours mieux avant. Le mieux-avantisme est la norme. En matière d'art de vivre à la française, par exemple, longtemps ce fut « statu quocorico[1] ». Même la nouvelle cuisine[2] était un leurre, un conservatisme déguisé, une fausse révolution en marche. Un jour, dans les années 70, alors que les cheveux poussaient partout en liberté[3], des grands chefs coupés court se sont dits : « Si on veut continuer à pomper[4] le bourgeois, il va falloir le ménager un peu... » Dès lors, on décida de mettre moins de beurre et de farine dans la saucière[5], et de ne plus servir que des piles Duracell dans les assiettes. Sous les applaudissements de deux journalistes

---

1. Jeu de mots entre le « cocorico » qui exprime la fierté nationale française et l'expression « statu quo » qui renvoie à l'immobilisme.
2. La nouvelle cuisine est une expression des critiques gastronomiques Henri Gault et Christian Millau désignant un courant culinaire né dans les années 1970 qui défend une cuisine minimale, allégée et épurée.
3. Allusion aux chevelures longues du mouvement hippie de la fin des années 1960.
4. Pomper : faire payer des sommes exorbitantes.
5. Saucière : récipient permettant la préparation des plats en sauce.

réactionnaires, Henri Gault et Christian Millau, le pigeon, la truffe et le bourgeois adoptèrent le *dress code* d'usage sans broncher, et les additions poursuivirent leur infernale ascension… À quelques trépassés près, la fréquentation des grandes tables demeura aussi jet-set et notablière[1] qu'avant la Nouvelle Cuisine.

Certes, on avait bien changé la composition du régime, mais la salle à manger sentait toujours autant le renfermé et le parfum qui fait tousser. Plus lourd encore : pendant qu'à table, madame et monsieur dégustaient un grand vin, à quelques mètres de leur bon plaisir, dans le secret des hauts fourneaux, il arrivait que de jeunes commis dégustassent un grand pied[2]. Celui de ces « nouveaux cuisiniers », donné au cul et « à l'ancienne », comme qui dirait[3].

Un restaurant coûtant plus cher qu'une guitare ou un crayon, il aura donc fallu patienter plus longtemps que dans d'autres beaux-arts, pour voir le « bon cool » présider aux arts de la table. À la suite d'Yves Camdeborde (chef du premier néobistrot à la française, la Régalade, en 1992), dans les pas d'une *successfull* « bistronomie », plein de jeunes mecs et quelques nanas, parfois autodidactes[4], ont enfin relevé le défi : réveiller le miam in France. HSBC, avec sa dernière campagne de pub, a beau nous rappeler que « Tokyo compte trois fois plus de restaurants étoilés que Paris », dans la chaleur des bonnes cuisines et les salles à manger les plus vivantes, tout le monde s'en tape. Car le gastromaniaque nomade, curieux, exigeant, nourri aux bons blogs, sait bien, lui, que c'est dans les « bistrots

---

1. Notabilière : s'adressant aux personnalités influentes socialement et politiquement.

2. Un grand pied : un bon vin.

3. Allusion à la passion de la nouvelle cuisine pour les produits du terroir directement achetés au marché.

4. Autodidactes : qui se sont formés tout seuls.

d'auteur » français, que la notion de « grand chef » vacille le plus joliment. Sans exagérer, on pourrait même dire que c'est là presque tout ce qu'il nous reste, en France, pour être encore fier d'en être : le seul phénomène qui en impose aux observateurs étrangers *(The New Yorker, Die Zeit, The Guardian, GQ US, O Estado, Corriere della Sera...*[1]*)* et l'une des rares preuves tangibles qu'un réveil est encore possible dans ce pays éclaté en mille acquis perso.

Donc, alors que dans toutes les matières ministérielles, nul ne sait comment redresser la table sans casser d'assiettes, ces petits mecs et ces petites nanas n'ont attendu personne pour embrasser l'avenir avec passion. Sous réserve de talent, le business modèle de leur premier succès est modeste : ouvrir un petit endroit pour être maître chez soi, se délester des gimmicks superflus qui explosent l'addition (le plaisir est le seul luxe), savoir communiquer sa passion à l'équipe pour s'affranchir autant que possible des 35 heures... [...]

Et la cuisine ? Plurielle, affaire de personne, mais n'approuvant qu'une seule attitude ! Ainsi, chez les représentants de cette nouvelle espèce culinaire, ni basse ni haute cuisine, juste les meilleurs morceaux de leur répertoire perso, joués au plus près des saisons (de 25 euros à la carte pour de la bistrote soignée autour du vin, jusqu'à 100 euros pour un festin). Des assiettes sobres et limpides : 3 à 4 ingrédients instantanément identifiables, pas toujours premium (légumes oubliés, moules, couteaux, porc, bas morceaux...) mais toujours anoblis. Et des produits rois ! Chez eux, le fournisseur est la clef. Souvent un ami. « Je ne peux pas imaginer faire ma cuisine avec les produits de gens que je connais pas », explique Frédéric Ménager, éleveur cuisinier de la Ruchotte (Bligny-sur-Ouche).

---

1. Journaux et magazines étrangers qui, dans leurs pages « Culture », consacrent de larges articles à l'art culinaire.

« Comme je ne trouvais pas de bonnes volailles, j'ai décidé d'en élever moi-même. Et maintenant, j'ai aussi des moutons, des cochons. » Même exigence au Roseval (Paris XXe), l'une des plus chouettes ouvertures de l'année, sans jardin ni poulailler, juste dans la vérité du goût de l'époque. Où nous dégustions l'autre jour, le premier acte majeur d'une pièce en cinq plats pour 45 euros ! Un gros cèpe poêlé (de chez Stéphane Meyer de Sapiens), quelques couteaux planchés (de leur poissonnier secret, David, en Bretagne), une parfaite purée de panais (sélectionnés par Terroirs d'avenir), des noisettes concassées, sel, poivre, point. Bref, si l'on en doutait encore, le pays ingouvernable aux 365 fromages en a encore sous le capot[1] au rayon « trop bon ». Et ce n'est qu'un début. Probable même qu'à très court terme, une nouvelle agriculture de qualité, équitable et enthousiaste, tirera parti de cet élan.

« La bistronomie fait joliment vaciller les grands chefs »,

3 questions pour vous guider...

1. L. 1-17 : donnez deux caractéristiques majeures de la « nouvelle cuisine ».
2. L. 26-37 : qui est le premier chef à avoir ouvert un restaurant bistronomique ?
3. Pourquoi la bistronomie permet de dire qu'« à très court terme, une nouvelle agriculture de qualité, équitable et enthousiaste, tirera parti de cet élan » (l. 81-83) ?

1. **En a encore sous le capot :** en a encore en réserve.

DOC **23**

Mathieu Lauverjat

Client mystère (2023)

Dans son premier roman, Client mystère, *Mathieu Lauverjat (né en 1987) raconte la vie d'un livreur de repas chauds à domicile. Sac isotherme au dos, il sillonne les rues de Lille par n'importe quel temps pour apporter à des clients casaniers des plats de restauration. Dans ce passage, il explique comment s'organise son travail de livraison.*

[Se faire livrer des plats chauds]

C'était un dimanche de novembre à Lille, il drachait[1] depuis midi, et à dix-neuf heures le ciel se vidait encore sans jamais faiblir. Avec ce temps-là, les gens ne sortent pas et s'affranchissent de l'obligation de cuisiner en tapotant en masse sur leurs écrans tactiles – bien pratique pour les coursiers vélo. Quand j'ai commencé à livrer, nous étions une centaine à patrouiller un cube noir vissé dans le dos. Bien sûr, la concurrence des commandes était déjà féroce sur le créneau du soir, mais si nous ne travaillions pas dans la franche camaraderie, l'entente restait cordiale malgré les différents maillots d'écurie. Nous échangions souvent un salut furtif[2], une légère inclinaison de casque, parfois un coup de sonnette, un simple *check* au feu rouge. Réunis sous le dossard, nous étions « la Flotte ». Pour moi, c'était très simple : mon téléphone bipait, je validais la commande et partais chercher la victuaille[3]. Après quoi je chargeais le matos[4] dans le sac, géolocalisais la destination et pédalais comme un dératé[5]. À cette époque, si les cheeseburgers rencontraient le plus de succès, je livrais aussi beaucoup de pizzas, des wraps végé[6], des menus sushi ou des

---

1. Drachait : pleuvait à verse sans discontinuer.
2. Furtif : bref.
3. Victuaille : nourriture.
4. Matos : matériel.
5. Comme un dératé : très vite.
6. Végé : végétariens.

pad-thaï[1]. Donc, paresse oblige, un dimanche soir à vingt heures, c'était déjà un pic d'activité et là, vus les torrents diluviens, une grosse soirée s'annonçait potentiellement. J'avais d'ailleurs reçu une notification sur mon portable : un bonus pluviométrie avait été enclenché. En prévision, je m'étais connecté dès dix-huit heures trente. L'algorithme l'avait annoncé à nouveau pour motiver la Flotte, une forte demande était attendue. En conséquence, j'avais vérifié mes freins et lubrifié ma chaîne, ajusté ma tenue, vissé la casquette, zippé l'imperméable : tout allait bien s'enchaîner, et en flux tendu, m'étais-je rassuré au moment de partir, décidé à me dégager une bonne marge. À cette époque, le minimum garanti à sept euros cinquante de l'heure n'existait déjà plus. Je tournais sur la nouvelle tarification à la pure distance de trajet, à laquelle, ce soir-là, venait toutefois s'ajouter une variable forfaitaire « spéciale pluie ». Le nez enfoui dans le GPS, j'étais bouillant pour ce premier *shift*[2] en soirée. Il fallait que ça paie.

Sous l'averse, la Flotte, ainsi bien nommée, était la seule à sillonner les rues et je n'avais pas perdu de temps. J'avais bien cavalé, enchaîné les commandes sans trop forcer. Du côté de la place de la République, une nouvelle adresse tournait à plein régime depuis qu'un blog de bistronomie de la Botte[3] avait encensé la cheffe toscane. Le dernier miracle italien de Lille s'appelait Trattoria Pepino. La salle, le dimanche, est toujours aux trois quarts vide et ne paie pas de mine, alors qu'en cambuse[4] la brigade est en plein coup de feu[5]. Devant, sur le perron, la valse cycliste à destination des clients calfeutrés chez eux battait son plein. La pluie redoublait d'intensité et, sans précédent, un second bonus pluie venait d'être activé du fait des intempéries :

---

1. Pad-thaï : spécialité culinaire thaïlandaise à base de nouilles de riz, d'œufs, de crevettes ou de viande.
2. *Shift* : première session de la journée de travail.
3. La Botte : l'Italie.
4. Cambuse : pièce qui renferme les vivres.
5. Coup de feu : brusque affluence qui se traduit par une activité intense en cuisine.

quinze euros pour douze commandes acceptées et livrées. Je me souviens, j'étais avec Abou et Zied, on se collait sous l'auvent pour s'abriter du déluge en priant que notre numéro de tâche sorte comme un loto gagnant. Ça discutait football et mercato d'hiver pour patienter, le LOSC[1], en grande forme, venait de rafler le titre de champion d'automne. Zied, constamment sur ses applis de rencontres, avait matché avec une fille du côté de Fives[2], il nous montrait les photos de son profil et semblait tétanisé. On se marrait en l'incitant à la contacter. Sympa, Fabiola, la gérante de Trattoria Pepino, avait branché son système de calorifère pour que la Flotte ait l'illusion de sécher sous la résistance, et ses serveurs gominés abandonnaient quelques instants leur accent rital[3] factice[4] pour fumer leurs clopes à nos côtés.

Client mystère, © Gallimard, 2023 ■

3 questions pour vous guider...

1. L. 10-16 : relevez les différents signes distinctifs auxquels se reconnaît un livreur à domicile ?
2. L. 21-29 : pourquoi l'indice de pluviométrie constitue-t-il un bonus appréciable pour les livreurs ?
3. Expliquez l'expression « valse cycliste » (l. 45).

---

1. LOSC : club de football professionnel de Lille.
2. Fives : quartier de Lille.
3. Rital : terme injurieux pour dire « italien ».
4. Factice : artificiel, faux.

B De nouvelles sociabilités autour de la cuisine ?

« Il semble qu'il n'y ait plus qu'à se mettre à table », lançait Flaubert à ses invités. D'un siècle l'autre, si la table attire à elle la convivialité, de nouvelles sociabilités semblent aujourd'hui émerger. Et un phénomène grandit : la **surexposition de la cuisine** dans les médias.

Jamais l'art culinaire n'a été aussi visible, jamais ses représentations n'ont à ce point saturé nos écrans. Il n'est qu'à voir le succès durable des émissions de télé-réalité consacrées à la gastronomie DOC 24 • p. 92 : de *Top Chef* à *Masterchef* en passant par *Le Meilleur Pâtissier*, la cuisine s'est imposée comme l'un des principaux **objets de divertissement télévisuel**, en jouant à la fois sur l'identification des téléspectateurs (l'expérience partagée de la préparation d'un repas) et sur des ressorts dramatiques (la compétition) mais aussi publicitaires.

La cuisine fournit aussi le cadre d'histoires et de feuilletons, tels que la série *Ici tout commence* DOC 25 • p. 95 qui se déroule dans un institut gastronomique. Programmée juste avant l'heure du dîner, cette série s'affiche explicitement comme **conviviale et familiale**.

Est-ce à dire que désormais, on ne mangerait plus qu'à travers les plats qui défilent à l'écran ? Les réseaux sociaux accentuent cette impression, et en particulier Instagram où le visuel est premier. Sur ces canaux se développe, avec force images alléchantes, ce que d'aucuns ont nommé le « food porn », **orgie visuelle de plats** tous plus appétissants les uns que les autres…
DOC 26 • p. 95 et DOC 27 • p. 98

Mais ne risque-t-on pas de **rester sur sa faim**, si l'on ne « mange » qu'avec les yeux, si l'on ne peut apprécier ni l'odeur ni la saveur du plat ? Et si par la même occasion, on prive la cuisine de sa dimension conviviale ?

DOC **24**

Virginie Félix
« Cuisine à la télé : les chaînes font monter la sauce » (2017)

Dans son article pour l'hebdomadaire culturel Télérama, *la critique Virginie Félix revient sur la passion des téléspectateurs français pour les émissions culinaires. Depuis le début des années 2010, elles envahissent littéralement tous les écrans – de la télévision à Internet – pour rassembler le public autour d'une valeur commune : la cuisine.*

[L'engouement pour la téléréalité culinaire]

Elles sont partout, déclinées en tutoriels sur les blogs et les chaînes YouTube, où se déversent des méga-octets[1] de vidéos de mousse au chocolat, parmentier de canard et pâtes à la carbonara… Reflet d'une époque qui starifie les chefs, redécouvre les vertus du fait maison et nourrit une curiosité dévorante pour le contenu de son assiette, les recettes de cuisine n'ont jamais été autant montrées, filmées, partagées. La télévision n'est pas en reste, perpétuant un genre qui fait véritablement partie de son ADN et demeure une valeur fédératrice au pays d'Auguste Escoffier[2] et de Paul Bocuse[3].

Car la leçon de cuisine est aussi vieille que l'ORTF[4], qui la mit à l'antenne dès 1953, comme le rappelle l'historien Olivier Roger dans sa roborative étude *La Cuisine en spectacle. Les émissions de recette à la télévision (1953-2012)*. Depuis, l'art de mettre les petits

---

1. **Méga-octets :** unité de mesure d'un espace de stockage sur le disque dur d'un ordinateur.
2. **Auguste Escoffier (1846-1935) :** grand chef cuisinier français considéré comme l'inventeur de la gastronomie moderne.
3. **Paul Bocuse (1926-2018) :** grand chef cuisinier français considéré comme le fondateur de la nouvelle cuisine.
4. **ORTF :** acronyme pour Office de radiodiffusion-télévision française, établissement public pour la diffusion et la gestion des canaux de transmission, dissous en 1975.

plats dans l'écran a bien changé. Revisité, comme on dit pour la blanquette dans *Top chef*, afin de coller à l'air du temps, aux contraintes et aux envies du moment : celles d'une cuisine moins chronophage[1] mais visuellement séduisante, habile à twister[2] la tradition, décomplexée et décomplexante. Illustration, en mode tapas, avec quelques échantillons récents.

La recette paresseuse

Si les chaînes goûtent ce genre de programmes courts, c'est aussi parce qu'ils sont sources de recettes... publicitaires. Un format qui permet le sponsoring, avec bande-annonce de l'annonceur avant et après l'émission (pour *Simplissime*, un géant de la grande distribution) et jeu-concours intégré... « C'est déjà de cette manière-là que Joël Robuchon avait fait ses débuts à la télé dans les années 1990, avec *Cuisinez comme un grand chef* sur TF1, émission sponsorisée par une marque de l'agroalimentaire qui commercialisait justement des plats cuisinés à son nom... »

La recette ludique

Depuis janvier, France 2 agrémente ses fins d'après-midi avec des formats hybrides[3] mêlant jeu et recette de cuisine. Après *Un chef à l'oreille* (où deux candidats devaient cuisiner, guidés par un pro), elle a inauguré, fin février, *Chéri(e), c'est moi le chef*, joute culinaire bon enfant où trois couples doivent réaliser une recette en tandem, l'un des conjoints dirigeant l'autre à distance. Au menu : des plats simples et familiaux (roulé de veau farci aux herbes, saumon à l'oseille...) et, évidemment, pas mal de boulettes chez les cuistots amateurs – croquettes de pomme de terre en version mastic, sauce tartare liquide... –, le tout enrichi des explications d'un chef qui décompose la recette à l'écran. « Ces émissions empruntent un schéma nouveau de transmission du savoir, en

---

1. Chronophage : qui prend beaucoup de temps.
2. Twister : faire dévier, changer.
3. Hybrides : composés de deux éléments de nature différente.

jouant la carte du divertissement et en s'inspirant des shows culinaires à l'anglo-saxonne, avec effets de dramatisation, mais aussi dimension comique générée par les possibilités d'échec spectaculaire.» Déjà, rappelle l'historien, la toute première émission de l'ORTF, *Les recettes de monsieur X*, avait été pensée comme un divertissement et confiée à un comédien déclamant à l'antenne des poèmes humoristiques sur la poule et l'œuf.

La recette pompette

Dans le même registre, pas sûr que la prodigalité[1] en graisse et alcool de la cuisine de Maïté serait facilement digérée aujourd'hui... Depuis 2009, une charte alimentaire du CSA contre l'obésité oblige d'ailleurs les chaînes à diffuser des programmes sur l'alimentation et l'activité physique (ce qui a inspiré à TF1 son programme court, *Petits plats en équilibre*). «Certaines émissions de Maïté seraient peut-être compliquées à diffuser aujourd'hui, sourit l'historien. Dépecer un sanglier entier, décapiter une lamproie et la vider de son sang pour en faire une sauce, pas sûr qu'on pourrait encore montrer ça à la télé...»

«Cuisine à la télé: les chaînes font monter la sauce»,
© telerama.fr, 4 mars 2017

3 questions pour vous guider...

1. L. 1-10: relevez les trois raisons qui, selon la journaliste, expliquent le succès des émissions de télé-réalité sur la cuisine.
2. L. 15-20: en quoi ces émissions épousent les «envies» (l. 17) culinaires du moment?
3. L. 51-61: qu'est-ce que la «recette pompette»?

1. Prodigalité: abondance, excès.

DOC **25**

Coline Assous, Éric Fuhrer et Othman Mahfoud
Ici tout commence (2020-2024)

[La série familiale : en cuisine]

Créée par Coline Assous, Éric Fuhrer et Othman Mahfoud, la série télévisée Ici tout commence *est diffusée sur TF1, juste avant l'heure du dîner, depuis novembre 2020. Dans le sud de la France, en Camargue, la compétition fait rage entre les apprentis chefs de la prestigieuse école gastronomique Auguste-Armand. Entre rivalités professionnelles et intrigues amoureuses, l'univers de la cuisine symbolise l'état des relations sociales dans la France des années 2020.* CAHIER PHOTOS • P. VII

3 questions pour vous guider...

1. Décrivez les différentes composantes de l'image.
2. Quel rapport vous paraît s'établir entre les deux personnages ?
3. À quels éléments perçoit-on qu'il s'agit d'un institut prestigieux ?

DOC **26**

Margaux Lacroux
« Orgie de "food porn" sur les réseaux sociaux » (2016)

Dans son article pour le quotidien Libération, *la journaliste Margaux Lacroux revient sur la mode du « food porn » apparue au début du millénaire. Portée par les réseaux sociaux, et en particulier Instagram, cette « pornographie culinaire » se déploie sur des images aux couleurs saturées, où les crèmes et autres sauces coulent à flot sur des viandes ou des gâteaux qui n'en paraissent que plus appétissants et alléchants. Mais que pensent les cuisiniers de cette pratique qui valorise davantage l'apparence du plat que le plat lui-même ?*

[Qu'est-ce que le « food porn » ?]

De la malbouffe aux plats « healthy », la pornographie culinaire met en scène la nourriture du quotidien sur les réseaux sociaux.

Gros plan d'une assiette pleine de couleurs, composée d'aliments luisants. Il y a du croustillant, du moelleux, du fondant, du coulant. En un coup d'œil, la photo donne envie de planter un coup de fourchette. Souvent à la gloire du sucre et du gras, ce type de photographie culinaire se déverse sur les fils d'actualité Instagram, Twitter ou Facebook depuis déjà quelques années. Les photos de « food porn », ou pornographie culinaire, éveillent la gourmandise, voire un désir coupable. Il y a ceux qui publient leurs exploits et ceux qui se rincent l'œil.

Malgré l'ampleur du phénomène, la monétisation[1] du food porn est encore peu développée. Aujourd'hui, les réseaux l'utilisent davantage pour son côté attrayant et rassembleur. Plus de 93 millions de photos étiquetées « foodporn » ont été postées sur Instagram depuis la création de l'application en 2010. Nombre de blogueurs cuisine, de restaurants et de chefs y postent les photos de leurs créations pour augmenter leur visibilité. Le côté bon vivant voire hédoniste[2] séduit. C'est l'orgie[3] de nourriture, sucrée, salée, grasse ou saine.

Au restaurant, chez soi, au fast-food ou ailleurs, chacun y va de sa photo souvenir. Le délai pendant lequel les adeptes du food porn capturent l'image (et la publient sur les réseaux sociaux) aurait des effets « bénéfiques ». Se retenir de se ruer sur son assiette augmenterait l'expérience gustative, à en croire une étude publiée en 2016 dans le *Journal of Consumer Marketing*. En devenant producteur d'images culinaires, le consommateur aurait davantage de plaisir à manger. Et ce, autant pour des aliments riches que pour des plats « sains ».

---

1. Monétisation : transformation d'une activité en moyen de rétribution.

2. Hédoniste : qui recherche le plaisir à tout prix.

3. Orgie : débauche.

Aux origines, le « gastroporn »

Si Instagram est actuellement roi au pays du food porn, on retrouve la première trace du mot-clé #foodporn sur Twitter. En 2007, un internaute anglais [emploie le premier ce mot-clé et] devient sans le savoir le pionnier de cette pratique sur les réseaux sociaux. [...]

Mais le food porn a eu une vie avant les réseaux sociaux. Tout débute en 1977, quand le *New York Review of Books* invente le terme « gastroporn ». Le mot est utilisé dans un compte rendu du nouveau livre de cuisine du chef Paul Bocuse[1].

Puis dans les années 80-90, le food porn désigne l'esthétisation quasi-érotique des aliments dans les spots publicitaires. En 1990, le food porn version Nestlé, ça donne une vidéo de chocolat qui coule lentement et se répand sur une poire juteuse. Avec un jeu d'ombres chinoises, une femme déguste ensuite la poire Belle-Hélène avec fougue. Déjà très alléchant. [...]

Les chefs se rebiffent

Le food porn permet de mettre en scène ses plats et sa vie. Un peu trop exhibitionniste au goût de certains. « Je ne veux pas voir ce que les autres gens mangent », s'agacent les détracteurs[2] de cette pratique. En 2014, des chefs français se sont rebiffés[3] contre les clients qui photographiaient leurs assiettes avant de manger. Les arguments avancés sont multiples : la mauvaise qualité des photos nuit à l'image des chefs, les clients passent à côté de l'expérience gustative car la nourriture refroidit, crainte que les plats soient recopiés, atteinte à la « propriété intellectuelle » des chefs étoilés... Sur la carte d'Alexandre Gauthier, chef du restaurant étoilé La Grenouillère à La Madelaine-sous-Montreuil, dans le Pas-de-Calais, un logo d'appareil photo barré donne un signal clair au mangeur.

Au-delà de ces querelles restaurateurs-clients, le food porn pourrait avoir de vrais effets pervers. Des chercheurs s'interrogent

---

1. Paul Bocuse : voir note 3 p. 92.

2. Détracteurs : critiques, adversaires.

3. Rebiffés : rebellés.

sur le lien entre cette tendance et les troubles alimentaires. Une étude publiée en octobre 2015 dans la revue *Brain and Cognition* avance que ces images agiraient comme un puissant stimulus sur notre cerveau. Les chercheurs en neurosciences s'interrogent sur la circulation exponentielle[1] des images présentant de la nourriture calorique. Cela pourrait avoir une conséquence sur l'activité cérébrale, les attitudes et la physiologie des consommateurs. Le phénomène pourrait induire[2] d'un côté une « satiété[3] digitale » et de l'autre favoriser l'obésité. Le food porn est donc à consommer avec modération.

« Orgie de "food porn" sur les réseaux sociaux »,
© liberation.fr, 29 juillet 2016 ■

3 questions pour vous guider...

1. L. 30-45 : d'où vient le « food porn » ? Comment ce phénomène était-il appelé dans les années 1970 ?
2. L. 47-55 : pourquoi les chefs étoilés se montrent-ils hostiles à la mode du « food porn » ?
3. Expliquez l'expression : une « satiété digitale » (l. 68).

DOC **27**

Vik Muniz
Medusa Marinara (1997)

[La dénonciation du food porn]

Né au Brésil en 1961, Vik Muniz est plasticien. Une part de son œuvre consiste à réinterpréter des tableaux illustres à l'aide de matériaux inattendus. En 1997, il recourt à des denrées alimentaires : par exemple, des spaghettis à la sauce

---

1. Exponentielle : d'une croissance continue et rapide.
2. Induire : conduire à.
3. Satiété : satisfaction, assouvissement.

tomate marinara pour reproduire La Méduse *(1598) du Caravage, peintre de la Renaissance italienne (1571-1610). Cette démarche est une manière pour lui de dénoncer la malbouffe contemporaine et la consommation sans frein.*
CAHIER PHOTOS • P. VIII

3 questions pour vous guider…

1. Quels sont les différentes composantes de l'œuvre ?
2. Comment est composé le visage de la Méduse ?
3. Comparez avec l'œuvre originale de Caravage.

C Restaurer le lien social

« Hospitalité » : tel est le mot que la poétesse et cuisinière Ryōko Sekiguchi associe le plus souvent à la cuisine. Car au-delà des modes médiatiques et numériques qui tendent à faire de la gastronomie un art spectaculaire, **la cuisine** avant tout **fédère et réunit**. La commensalité est une joie simple et un bonheur accessible. Préparer et partager de bons plats, c'est, en dépit de tout, cultiver le lien social.

Et la cuisine resserre parfois ce lien dans un domaine a priori inattendu, celui de la diplomatie. Comme le rapporte le journaliste Nicolas Senèze DOC 28 • p. 100, la table d'un diplomate devient table de négociations lorsqu'elle regorge de plats et de mets appétissants. Outil diplomatique, la cuisine fait tomber les masques et **ravive la chaleur humaine**.

C'est aussi cette chaleur humaine, mais à une échelle plus intime, que décrit la romancière Élise Goldberg dans *Tout le monde n'a pas la chance d'aimer la carpe farcie* DOC 29 • p. 103. À la mort de son grand-père, la narratrice hérite d'un réfrigérateur qui, une fois ouvert, fait immédiatement rejaillir en elle le souvenir de la vie terrible et tumultueuse de son aïeul. La cuisine **nourrit les réminiscences** et permet de goûter encore un peu la présence de l'autre.

Car, ajoute Ryōko Sekiguchi DOC 30 • p. 105, si la cuisine restaure les liens sociaux qui parfois se distendent, c'est parce qu'elle **dessine le portrait** de ceux qui cuisinent. Rassemblant les êtres autour d'un bon plat, l'art culinaire apparaît comme un **art de la sensibilité** et surtout **de la sensibilisation au monde**.

DOC **28**

Nicolas Senèze
«À la table des diplomates» (2024)

Pour le quotidien La Croix, *le journaliste Nicolas Senèze mène l'enquête sur le rôle – insoupçonné – que la cuisine française joue dans les relations internationales. À la table des diplomates, la gastronomie permet d'affirmer un ensemble de valeurs, mais aussi de tisser des liens et d'exercer un certain pouvoir.*

[L'art de la table comme «soft power»]

Pour les diplomates, la table est autant un lieu d'échange et d'apaisement des tensions qu'un outil de promotion de leur pays et de son art de vivre. Particulièrement pour la France, héritière d'une vieille tradition de diplomatie culinaire, aujourd'hui concurrencée par de nouveaux acteurs.

Coquille Saint-Jacques de Normandie, volaille de Licques, reblochon[1] de Savoie, Paris-Brest[2] aux clémentines de Corse: pour le déjeuner d'ouverture de la COP21[3], le 30 novembre 2015, la France a sorti le grand jeu pour séduire les 157 chefs d'État et de gouvernement réunis au Bourget. «Pour sortir les négociations

1. **Reblochon:** fromage de Savoie pour tartiflette et raclette.
2. **Paris-Brest:** pâtisserie composée d'une pâte à chou croquante garnie d'une crème mousseline pralinée.
3. **COP21:** du 30 novembre au 12 décembre 2015, se tint à Paris la 21ᵉ conférence sur les changements climatiques.

climatiques de l'ornière[1], il fallait transformer une convention devenue routinière en un temps fort», se souvient Laurent Stefanini, alors chef du protocole de la République française. La France va donc offrir un repas mémorable, concocté par cinq chefs étoilés.

«Votre gastronomie est un magnifique outil de *soft power*[2]», insiste l'ambassadeur belge en Roumanie John Cornet d'Elzius, qui se souvient d'un récent repas au Quai d'Orsay[3]. [...]

Car, pour les diplomates, la table est d'abord un lieu d'échange. «Autour d'une table, on peut faire passer des messages de manière beaucoup moins abrupte que dans une réunion», assure John Cornet d'Elzius. «Ce peut être un véritable indicateur politique: expédier le repas témoignera d'une relation formelle, tandis que s'attarder dira combien l'on est en confiance», décrypte Christian Lequesne, chercheur au Centre de recherche internationale de Sciences Po et auteur d'une *Ethnographie du Quai d'Orsay*. «La table est par excellence le symbole de la réconciliation et de l'accord», insiste Laurent Stefanini, qui souligne néanmoins les limites de l'exercice. «Combien de repas avons-nous offert à M. Poutine?», s'interroge-t-il.

«La cuisine est autant un moyen de consolider des relations que d'en tisser de nouvelles», relève Christian Lequesne pour qui la table reste le meilleur outil pour développer un réseau. «Et si la tradition demeure le repas assis, je vois de nouvelles façons de créer des relations: récemment, à l'ambassade de France à Berlin, j'ai participé à un buffet debout qui, finalement, signait une autre manière pour les invités d'aller les uns vers les autres...»

Créer une atmosphère, mélanger les invités: tout un art que les diplomates s'attachent à préserver. «Je fais très attention à qui j'invite avec qui, et à qui je place à côté de qui», explique John

---

1. Sortir de l'ornière: éviter l'impasse.

2. *Soft power*: expression anglaise, «puissance douce», qui représente les caractères non contraignants de la puissance d'un État.

3. Siège à Paris du ministère français des Affaires étrangères.

Cornet d'Elzius. « Cela s'apprend au fur et à mesure : à 25 ans, vous regardez, puis vous vous perfectionnez plus tard comme numéro 2 et vous savez faire quand vous êtes ambassadeur. C'est une question de finesse et un véritable artisanat », développe Laurent Stefanini qui, comme ambassadeur de France à Monaco jusqu'à l'automne dernier, recevait « jusqu'à trois ou quatre fois par semaine ». [...]

« C'est un métier où la transmission des codes sociaux est importante », poursuit le chercheur. « Il y va de la crédibilité d'un ambassadeur perçu comme "de bonne compagnie" et chez qui "on est bien reçu". » D'autant plus important que la gastronomie est devenue un outil d'influence. « Nous avons à mettre en avant les produits belges », confirme John Cornet d'Elzius qui, en poste au Vatican, a par exemple organisé une soirée de dégustation autour des bières d'abbayes avec l'abbé général de Prémontré et le responsable de la brasserie de l'abbaye d'Orval. « Avec la bière ou le chocolat, la Belgique peut porter une image de convivialité, de bien-être, bref d'un pays avec une certaine qualité de vie », poursuit le diplomate.

Derrière la cuisine, les enjeux économiques peuvent être importants. Particulièrement en France. « La gastronomie est aussi un élément majeur de l'attractivité de notre pays à travers ses régions et ses terroirs, support d'une activité économique importante et diversifiée », rappelle Laurent Stefanini qui, à la COP21, a mis en avant champagne, meursault et saint-émilion, classés, comme le repas gastronomique français, au patrimoine de l'Unesco. Mais la France est concurrencée par de nouveaux acteurs qui ont fait de la diplomatie gastronomique un axe majeur. « Notre cuisine souffre d'une image de classicisme. Or, au-delà de la haute gastronomie, c'est aussi le bistrot ou les crêpes », développe Christian Lequesne. « Les Italiens ont ainsi très bien su valoriser une gastronomie plus informelle, basique et moins chère. » [...]

« À la table des diplomates », © la-croix.com, 21 février 2024

3 questions pour vous guider...

1. L. 19-30 : relevez trois raisons pour lesquelles pour les diplomates, « la table est d'abord un lieu d'échange » (l. 19).
2. Expliquez la formule : « la gastronomie est devenue un outil d'influence » (l. 51-52).
3. L. 60-72 : pourquoi les diplomates redoutent-ils la concurrence de la cuisine italienne ?

DOC **29**

ÉLISE GOLDBERG
Tout le monde n'a pas la chance d'aimer la carpe farcie (2023)

Dans ce premier roman, Élise Goldberg (née en 1973) raconte l'histoire d'une petite fille qui récupère le réfrigérateur de son grand-père, à la mort de celui-ci. Entrouvrant la porte de l'appareil, elle retrouve les odeurs des plats que son ancêtre juif polonais confectionnait pour elle et sa famille. La cuisine ressuscite l'histoire familiale et ses moments heureux.

[Se souvenir en mangeant]

Le fond de l'air s'est refroidi. Voilà un temps à bouillon chaud, à boulettes, à chou farci. Quel temps fait-il à Varsovie[1] ?

*

Quand mon grand-père a quitté cette vallée de *trern*[2], où les restaurants ashkénazes[3] fermaient les uns après les autres, où son

1. **Varsovie :** capitale de la Pologne dont est issu le grand-père de la narratrice.
2. Allusion à une berceuse de la culture yiddish.
3. **Ashkénazes :** désigne les Juifs d'Europe centrale et orientale.

journal yiddish, *Unzer Wort*, sa feuille de chou[1] préférée, n'était même plus en vente près de chez lui, son gendre a demandé si nous souhaitions récupérer certains de ses meubles. Le deux-pièces où je venais d'emménager était restreint, le frigo de mon grand-père avait sa taille parfaite.

L'objet avait mauvaise haleine. Il ne sentait pas la carpe farcie, trop occasionnelle pour laisser son empreinte. Il ne fleurait pas bon l'oignon, pourtant omniprésent dans la cuisine ashkénaze et à l'odeur si tenace. Il empestait le chou blanc, bien que je n'aie pas souvenir de plats servis chez mon grand-père et sa femme qui aient contenu un tel ingrédient.

Peut-être les repas que préparait Madame Simone pour notre venue n'étaient-ils pas les mêmes que ceux dont mon grand-père et elle faisaient leur ordinaire quand ils étaient seuls. Les dernières années, elle employait une dame polonaise pour les tâches du quotidien. Cette dernière leur confectionnait peut-être des plats dont je n'avais pas connaissance.

J'aime pourtant à penser que le frigo de mon grand-père – qui, vingt ans après, dans ma cuisine, remplit toujours son office – a apporté chez moi la mémoire de ces spécialités et ingrédients si singuliers que nous mangions chez lui les jours de fête.

*

D'abord ces petits bâtons et petites roues marron piqués de gros grains de sel, jaillis d'une boîte de plastique. J'ai longtemps cru que l'apéritif, c'était les bretzels dans leur ravier. Puis des radis roses en zakouskis[2]. On les coiffait de beurre avant de les tremper dans une dune de sel. Des crevettes dont, enfant, j'évitais de croiser les gros yeux noirs. Alors seulement nous franchissions les frontières.

Tout le monde n'a pas la chance d'aimer la carpe farcie, © Verdier, 2023 ■

---

1. Feuille de chou : journal de mauvaise qualité.

2. Zakouskis : hors-d'œuvre russe.

3 questions pour vous guider...

1. Pour quelle raison la narratrice pose-t-elle la question suivante : « Quel temps fait-il à Varsovie ? » (l. 2)
2. L. 16-25 : pourquoi la narratrice affirme-t-elle que le frigo du grand-père a apporté chez elle « la mémoire de ces spécialités et ingrédients si singuliers » (l. 24-25) ?
3. Expliquez la formule : « Alors seulement nous franchissions les frontières » (l. 31-32).

DOC **30**

RYŌKO SEKIGUCHI
961 heures à Beyrouth (et 321 plats qui les accompagnent) (2023)

Dans 961 heures à Beyrouth (et 321 plats qui les accompagnent), *l'écrivaine Ryōko Sekiguchi (née en 1970) raconte son séjour à Beyrouth en brossant le portrait de la capitale libanaise à travers sa cuisine. Considérant la cuisine comme le meilleur moyen d'approcher une ville et ses habitants, Ryōko Sekiguchi souligne à quel point l'art culinaire est une porte d'entrée vers l'humanité.*

[L'hospitalité de la cuisine]

316. La force de l'émotion

L'année dernière, j'ai pensé que la cuisine libanaise est une cuisine émouvante. Ce que je ressentais était plus fort que ces expressions à deux sous comme « la cuisine est un sentiment » ou « voici un plat fait avec amour ». C'était une affaire d'urgence.

Les Libanais sont un peuple émouvant, or être émouvant n'est pas synonyme de faiblesse, comme on peut être enclin à le penser. Ne pas avoir besoin de dissimuler ses émotions, c'est une force.

Vivre avec émotion est une force, et je l'ai sentie par deux fois en ce lieu, l'année dernière avec la cuisine, et cette année avec la révolution.

317. Le temps de la cuisine

Chaque culture culinaire est vivante, mouvante et en transformation constante. Toutefois, les proportions et la nature même du passé, de la tradition, de l'avenir et des métamorphoses diffèrent selon les cultures.

Bien que la ville soit imprégnée de nostalgie, bien que la question de la transmission soit obsédante, la cuisine de Beyrouth ne m'a jamais semblé être une cuisine de la nostalgie.

On sent que même dans la difficulté, les Beyrouthins sauront inventer une cuisine qui sera la leur, et aujourd'hui, à l'heure où la solidarité semble dépasser les différences confessionnelles et tribales, plus que jamais.

961 heures à Beyrouth (et 321 plats qui les accompagnent),

3 questions pour vous guider...

1. Expliquez la formule suivante : « la cuisine est un sentiment » (l. 4).
2. Pour quelle raison Ryōko Sekiguchi affirme-t-elle que « chaque culture culinaire est vivante » (l. 13) ?
3. Que représente la cuisine libanaise pour Ryōko Sekiguchi ?

1 Le développement argumenté : malbouffe ou mal de vivre ?

En vous appuyant sur votre lecture du roman de Claire Baglin, *En Salle*, paru en 2022, vous réfléchirez dans le cadre d'un développement argumenté (500 mots) aux raisons pour lesquelles, si elle peut être source de plaisir pour les clients, la restauration rapide peut aussi exposer les employés à la maltraitance.

« Le nouveau roman social », dans *Au bonheur des livres*, novembre 2022 : entretien avec Claire Baglin à l'occasion de la sortie de son livre sur les fast-foods, diffusé sur la chaîne Public Sénat.
hatier-clic.fr/2944812_12

Les conseils pour argumenter

a. En lisant le roman de Claire Baglin, vous prendrez soin de distinguer les scènes de travail au fast-food des scènes d'enfance où la narratrice était simplement cliente.
b. En visionnant l'entretien avec l'autrice, relevez les arguments qu'elle met en avant pour condamner la violence sociale de ces restaurants de la « malbouffe ».

2 Le débat : téléréalité, l'indigestion ?

Après avoir visionné le 13ᵉ épisode de la 15ᵉ saison de *Top Chef* diffusé sur M6 en 2024, vous organiserez un débat sur le thème suivant : la téléréalité ne construit-elle pas son succès sur une dramatisation à outrance de la cuisine et du milieu de la gastronomie ?

13ᵉ épisode de la 15ᵉ saison de *Top Chef*, sur M6, 2024.
hatier-clic.fr/2944812_13

Les conseils pour débattre

a. Relevez dans l'émission les effets de dramatisation (voix off, utilisation de la musique, montage).
b. Soyez attentifs également au lexique militaire utilisé en cuisine et dont les chefs étoilés usent pour s'adresser aux candidats.

3 L'exposé : se réchauffer le cœur autour d'un bon plat

Après avoir visionné le film de Jon Avnet, *Beignets de tomates vertes* sorti en 1992, vous produirez un exposé sur cette œuvre en insistant notamment sur la place affective majeure qu'y occupent les repas.

JON AVNET, *Beignet de tomates vertes* (bande-annonce), 1992
hatier-clic.fr/2944812_14

Les conseils pour nourrir sa réflexion

a. Observez avec attention tout au long du film les liens ainsi que les sentiments que les personnages tissent autour de la cuisine.
b. Vous pouvez vous aider d'une relecture de la troisième sous-partie du chapitre 3 afin d'appuyer le propos de votre exposé.

La cuisine ou le goût d'une époque

Document 21 • Marie Charrel, « Kebabs, burgers, tacos : ce que l'explosion des fast-foods dit de la France » (p. 80).
Document 24 • Virginie Félix, « Cuisine à la télé : les chaînes font monter la sauce » (p. 92).
Document 30 • Ryōko Sekiguchi, *961 heures à Beyrouth (et 321 plats qui les accompagnent)* (p. 105).

■ Première partie : Questions (/10 points)

Une réponse développée et argumentée, qui s'appuiera sur des éléments précis des textes et documents, est attendue pour chacune des trois questions.

Question 1 – Documents 21 et 24
À la lumière des documents 21 et 24, expliquez en quoi les fast-foods et la téléréalité font l'objet d'un tel engouement populaire.

Question 2 – Documents 24 et 30
Quels liens peut-on établir entre ces deux documents ?

Question 3 – Documents 21, 24 et 30
En quoi le texte de Ryōko Sekiguchi permet-il de rassembler, au-delà de leurs différences, à la fois les amateurs de fast-foods, les afficionados de téléréalité culinaire et les amateurs de mets rares ?

Les conseils pour réussir

a. Mettez en évidence dans l'article de Marie Charrel les trois raisons majeures du succès des fast-foods.
b. Identifiez dans l'article de Virginie Félix ce qui explique l'engouement médiatique pour les recettes de cuisine à la télévision.
c. Observez en quoi le texte de Ryōko Sekiguchi, en mettant l'accent sur la chaleur humaine, permet de comprendre le succès des fast-foods.

■ Deuxième partie : Essai (/10 points)

Vous traiterez, au choix, l'un des deux sujets d'essai.
Vous traiterez le sujet de façon personnelle et argumentée en vous appuyant notamment sur vos lectures, sur le travail de l'année, sur le corpus et sur votre culture personnelle.

Sujet A. Selon vous, en quoi les repas sont-ils l'expression privilégiée des sensibilités d'une époque ?

Les conseils pour réussir

a. Relisez attentivement l'article de Marie Charrel pour identifier les raisons sociales et économiques du succès de la restauration rapide.
b. Consacrez un temps de votre réflexion à exposer la manière dont les repas reconduisent les discriminations géographiques.

Sujet B. Considérez-vous que « chaque culture culinaire est vivante, mouvante et en transformation constante » (Ryōko Sekiguchi, doc. 30).

Les conseils pour réussir

a. Relisez attentivement le texte de Ryōko Sekiguchi afin de recontextualiser la citation.
b. Relisez l'intégralité du chapitre 3 de manière à nourrir votre réflexion sur les liens affectifs qui peuvent unir les convives autour d'un plat.

ANNEXES

Sujets **guidés** Fiches **méthode**

SUJET 1 La table, carrefour de la société ?

Document 5 • Érasme, *La Civilité puérile* (p. 25).
Document 12 • Gustave Flaubert, *Madame Bovary* (p. 51).
Document 28 • Nicolas Senèze, « À la table des diplomates » (p. 100).

■ Première partie : Questions (/10 points)

Une réponse développée et argumentée, qui s'appuiera sur des éléments précis des textes et documents, est attendue pour chacune des trois questions.

Question 1 – Documents 5 et 28
À la lumière des documents 5 et 28, expliquez pourquoi « la table est d'abord un lieu d'échange » (doc. 28) ?

Question 2 – Documents 5 et 12
Quels liens établissez-vous entre les deux documents ?

Question 3 – Documents 5, 12 et 28
En quoi les trois documents présentent le repas comme un rite socialement codifié ?

Les conseils pour réussir

a. Lisez les textes d'Érasme et de Nicolas Senèze, afin d'identifier la nature des échanges qu'autorise un repas.
b. Mettez en évidence dans le texte de Gustave Flaubert la nature des relations sociales.
c. Confrontez la nature des liens sociaux dans le texte de G. Flaubert et l'article de N. Senèze.

■ Seconde partie : Essai (/10 points)

Vous traiterez, au choix, l'un des deux sujets d'essai.
Vous traiterez le sujet choisi de façon personnelle et argumentée en vous appuyant notamment sur vos lectures, sur le travail de l'année, sur le corpus et sur votre culture personnelle.

Sujet A. Selon vous, en quoi la table permet-elle de faire société ?

Les conseils pour réussir

a. Relisez attentivement le chapitre 2 afin de mettre en évidence les différents liens sociaux possibles.
b. Appuyez-vous sur l'article de Nicolas Senèze afin de montrer comment la table peut être un haut lieu politique.

Sujet B. Considérez-vous que « la cuisine est autant un moyen de consolider des relations que d'en tisser de nouvelles » ? (Christian Lequesne, doc. 28)

Les conseils pour réussir

a. Relisez attentivement l'article de Nicolas Senèze afin de recontextualiser les propos de Christian Lequesne.
b. Relisez l'intégralité du chapitre 2 de manière à nuancer votre réflexion sur la consolidation de relations autour d'un repas.

SUJET 2 La table : un lieu entre joies et rivalités

Document 10 • MARYLINE DESBIOLLES, *Manger avec Piero* (p. 36).
Document 17 • THIBAUT DÉLÉAZ, « "Ma mère a quitté la table en sanglots" : pourquoi gâche-t-on toujours le repas de Noël avec des débats ? » (p. 61).
Document 29 • ÉLISE GOLDBERG, *Tout le monde n'a pas la chance d'aimer la carpe farcie* (p. 103).

■ Première partie : Questions (/10 points)

Une réponse développée et argumentée, qui s'appuiera sur des éléments précis des textes et documents, est attendue pour chacune des trois questions.

Question 1 – Documents 10 et 29
À la lumière des documents 10 et 29, expliquez pourquoi la cuisine familiale est liée à « la mémoire de ces spécialités et ingrédients si singuliers que nous mangions [...] les jours de fête » (doc. 29) ?

Question 2 – Documents 10 et 17
Quelles différences établissez-vous entre les deux documents ?

Question 3 – Documents 10, 17 et 29
En quoi les trois documents considèrent le repas comme un espace où se nouent les passions humaines ?

Les conseils pour réussir

a. Lisez les textes de Maryline Desbiolles et d'Élise Goldberg afin de mettre en évidence quels plats et quels ingrédients déclenchent la nostalgie.
b. Lisez attentivement l'article de Thibaut Déléaz afin d'identifier les raisons précises pour lesquelles des tensions peuvent se manifester lors des repas familiaux.
c. Répertoriez pour chacun des documents les différents sentiments qui s'expriment lors des repas de famille.

■ Seconde partie : Essai (/10 points)

Vous traiterez, au choix, l'un des deux sujets d'essai.
Vous traiterez le sujet choisi de façon personnelle et argumentée en vous appuyant notamment sur vos lectures, sur le travail de l'année, sur le corpus et sur votre culture personnelle.

Sujet A. Selon vous, en quoi les repas permettent-ils de révéler l'ensemble des passions humaines ?

Les conseils pour réussir

a. Relisez attentivement les textes de Maryline Desbiolles et d'Élise Golberg pour mettre en évidence combien les repas renforcent les liens familiaux.
b. Relisez l'intégralité du chapitre 2 de manière à pouvoir illustrer votre réflexion par des exemples précis de scènes de repas.

Sujet B. Considérez-vous que « les débats de société finissent toujours par s'inviter à table et enflammer les convives » ? (Thibault Déléaz, doc. 17)

Les conseils pour réussir

a. Relisez attentivement l'article de Thibaut Déléaz afin de recontextualiser la citation.
b. Relisez la partie C du chapitre 3 de manière à construire une possible réfutation fondée sur les liens affectifs de la cuisine.

FICHE n° 1 Répondre aux questions

INFO

■ Notées sur 10 points, les questions constituent l'une des deux parties de la nouvelle épreuve écrite de culture générale et expression au BTS.

■ Cet exercice consiste à rapprocher, comparer et confronter un ensemble de 3 ou 4 documents (également appelé « corpus »), à travers 3 questions formulées dans la consigne.

■ Les réponses doivent être développées et argumentées. Elles doivent faire apparaître les points de divergence et de convergence entre les documents du corpus.

*Pour réussir les réponses aux questions, il faut procéder en **4 étapes**.*

⋯› ÉTAPE ❶ Lire le corpus

■ Lisez tout d'abord attentivement au moins trois fois l'ensemble des documents qui composent le corpus.

■ Prenez connaissance du paratexte de chaque document. Vous y trouverez des informations précieuses : sur l'autrice ou l'auteur, le titre, la date et la source.

⋯› ÉTAPE ❷ Analyser les questions

■ Lisez l'ensemble des questions au moins deux fois. Essayez d'y repérer des pistes et des échos de l'une à l'autre.

■ Les questions ont pour but de vous amener à étudier et comparer les documents. Vous devez être capable de mettre en évidence la thèse avancée dans chaque texte ou le point de vue suggéré dans un document iconographique.

■ Enfin, vos relectures de questions doivent faire en sorte de saisir la ligne directrice et la cohérence du questionnaire.

ÉTAPE ❸ Rédiger les réponses

■ Pour chaque question, vous devez rédiger une réponse distincte. Celle-ci doit être construire et argumentée. Elle comportera a priori plusieurs paragraphes.

■ Chaque réponse doit s'organiser en trois temps distincts : la reformulation claire de la question à laquelle il s'agit de répondre ; l'énoncé de deux ou trois arguments permettant de soutenir l'idée directrice défendue ; enfin, à l'appui de chaque argument, des citations avec un renvoi systématique et précis aux lignes numérotées du document.

ÉTAPE ❹ Se relire

■ Veillez à toujours soigner votre expression, en particulier le registre de langue.

■ Gardez quelques minutes à la fin pour avoir le temps de vous relire et de vérifier l'orthographe, la syntaxe et les accords (des verbes avec leur sujet, des adjectifs avec le nom auquel ils se rapportent).

L'astuce

Dans un texte, essayez toujours de repérer la phrase qui synthétise la thèse que l'auteur ou l'autrice cherche à défendre.

Le piège !

Ne vous contentez pas d'énumérer les idées : procédez à une véritable comparaison entre les propos et les arguments avancés dans chaque document.

FICHE n° 2 Traiter un sujet d'essai

INFO

■ Noté sur 10, l'essai constitue l'une des deux parties de l'épreuve écrite de culture générale et expression au BTS.

■ Cet exercice consiste à traiter l'un des deux sujets d'essai au choix. Il s'agit de répondre de manière argumentée à une question relative aux documents du corpus. La question invite le candidat à réfléchir à l'une des problématiques soulevées par les documents.

■ L'essai réclame du candidat une prise de position claire et définie sur la problématique qui sera développée sous la forme d'une composition française de 80 à 100 lignes maximum. Elle doit comporter une introduction, un développement et une conclusion rédigés.

*Pour réussir l'essai, il faut procéder en **6 étapes**.*

ÉTAPE ❶ Analyser le sujet

■ Lisez tout d'abord attentivement le sujet dont la formulation est toujours identique : il s'agit soit d'une question ouverte soit d'une citation à commenter en lien avec l'un des deux thèmes traités durant l'année.

■ Identifiez les mots clés qui permettent de délimiter le sujet. Ces mots clés doivent être reformulés pour favoriser la recherche d'idées et inviter à poser les termes du débat.

■ La confrontation des documents du dossier et de vos connaissances personnelles vous permettra de définir une problématique autour de laquelle vous pourrez articuler votre questionnement.

ÉTAPE ❷ Trouver les arguments

■ L'essai s'articule autour de six à neuf arguments principaux. Chacun de ces arguments est présenté dans un paragraphe distinct. L'idée directrice y est énoncée puis illustrée avec un exemple précis puisé dans l'un des documents du dossier ou dans vos connaissances personnelles.

■ Pour trouver les arguments principaux :
– relisez les documents du dossier ;
– passez en revue vos connaissances personnelles acquises durant l'apprentissage des thèmes.

■ Une fois les idées et les exemples trouvés, confrontez-les pour éviter les redites et le hors sujet. Chaque idée doit bien répondre à la problématique.

···➤ ÉTAPE ❸ Construire son plan

■ Trois règles sont indispensables pour élaborer votre plan :
– classez les idées selon leur degré d'importance ;
– énoncez de manière claire chaque idée et enchaînez-les de façon logique et cohérente ;
– démontrez toujours au lieu d'affirmer vos idées.

■ Quel que soit le plan adopté, vous devez avant tout fonder votre propos sur une argumentation personnelle.

■ Trois types de plans sont possibles pour organiser vos idées :
– Avantages / Inconvénients / Solutions.
– Causes / Conséquences / Solutions.
– Explication / Nuances / Reformulation de la question.

···➤ ÉTAPE ❹ Rédiger l'introduction

■ L'introduction comporte trois étapes :
– commencez par présenter le sujet avec une phrase d'accroche ;
– présentez la problématique sous la forme d'une question ;
– annoncez le plan en soulignant son mouvement démonstratif à l'aide de liens logiques.

···➤ ÉTAPE ❺ Rédiger le développement

■ Suivant le modèle de la composition française, le développement propose trois parties rédigées distinctement. Elles doivent être séparées par des sauts de lignes et marquées par des alinéas signalant chaque début de nouveau paragraphe.

■ Chaque partie définit d'abord son idée directrice. Suit l'énonciation de chaque argument illustré pour chacun d'exemples précis.

■ Chaque partie et chaque idée s'enchaînent et s'articulent à l'aide de liens logiques.

⇢ ÉTAPE 6 Rédiger la conclusion

■ La conclusion comporte deux étapes :
– commencez par répondre sous la forme d'un bilan à la problématique posée en introduction ;
– puis ouvrez et élargissez le sujet à l'aide d'une question.

L'astuce

Confrontez les idées et les exemples en les organisant de manière personnelle pour aboutir à une réponse individuelle.

Le piège !

Évitez de traiter le sujet comme une question réclamant une prise de position subjective ! Vous devez donc impérativement éviter les formules comme « selon moi », « pour ma part », « personnellement » ou « je pense que ».

FICHE n° 3 Analyser un texte d'idées

■ Les textes d'idées sont des documents écrits qui n'appartiennent pas à la fiction comme le roman ou le théâtre : essais sociologiques, dialogues philosophiques, articles de presse, entretiens, documents de référence…

■ Ils constituent les documents les plus nombreux dans les corpus. Les idées qu'ils contiennent sont exprimées directement dans un discours informatif.

Pour analyser un texte d'idées, il faut procéder en ***4 étapes.***

···> ÉTAPE ❶ Identifier le texte d'idées

■ Les textes d'idées ne racontent pas une histoire et ne décrivent pas des personnages ou des lieux comme le fait le roman.

■ Même s'ils abordent des situations concrètes, leur fonction est d'exposer et de mettre en relation des notions abstraites, d'expliquer des faits, de proposer des réflexions, des points de vue, des prises de position argumentés.

■ Ces textes relèvent du discours argumentatif. Ils peuvent être polémiques ou satiriques.

■ Pour mieux les identifier, aidez-vous du paratexte qui contient toutes les informations nécessaires pour présenter le document : auteur, titre, source, date de publication…

···> ÉTAPE ❷ Déterminer le thème global du texte, savoir qui parle

■ La première lecture d'un texte d'idées doit vous permettre de déterminer son thème global.

■ La mise en évidence du lexique dominant vous aidera à répondre à la question : « De quoi s'agit-il ? ».

■ Il est indispensable que vous trouviez à qui appartiennent les idées énoncées. Celui qui parle est celui qui signe l'œuvre ou l'article. Toutefois, il arrive fréquemment à l'auteur de reprendre des points de vue ou des paroles qui ne lui appartiennent pas.

···› ÉTAPE ❸ Identifier les idées, les arguments, les exemples

■ Le texte d'idées confronte des notions, des points de vue, des théories qui ne vont pas nécessairement dans le même sens. Identifiez-les tous, cela vous permettra de définir la ou les problématiques.

■ Les orientations différentes des idées sont perceptibles grâce à plusieurs indices :
– la présence de champs lexicaux qui s'opposent ;
– la présence de figures d'opposition comme les antithèses, les paradoxes, et d'articulations qui soulignent les divergences : mais, cependant, à l'inverse, au contraire…

■ Les exemples illustrent les idées ou constituent leur point de départ. Ils sont concrets et souvent imagés. Identifiez-les rapidement car ils vous faciliteront la compréhension des concepts.

···› ÉTAPE ❹ Mettre en évidence la structure du texte

■ Pour mettre en évidence la structure du texte, déterminez le type de raisonnement et le plan suivis par l'auteur.

■ Le texte peut être construit selon trois types de plan :
– un plan dialectique : il permet la confrontation à partir d'une thèse de différents points de vue ;
– un plan déductif : il permet de tirer des conséquences à partir d'un fait ou d'une cause ;
– un plan linéaire : le texte développe une même idée en l'illustrant de manière détaillée et approfondie.

L'astuce

Repérer les mots de liaison aide à découvrir les grandes articulations de la pensée et le type de raisonnement adopté dans un document.

Le piège !

Ne confondez pas arguments et exemples ! Les arguments développent toujours des idées articulées logiquement alors que les exemples, beaucoup plus factuels, sont toujours des illustrations concrètes des idées.

FICHE n° 4 Analyser une image

■ Les corpus peuvent comporter différents types d'images : peintures, photos, affiches de film, bandes dessinées, gravures…

■ Il s'agit de faire apparaître le message visuel délivré par l'image grâce à certains procédés de mise en valeur.

Pour analyser une image, il faut procéder en ***4 étapes****.*

···> ÉTAPE ① Identifier le document

■ Préoccupez-vous en premier lieu de la nature de l'image étudiée. De sa nature dépend l'interprétation qui en sera fournie : un tableau ne s'analyse pas de la même manière qu'une photographie ou une bande dessinée.

■ Ensuite, identifiez la source de l'image : il s'agit de repérer les diverses sources de l'œuvre, de son auteur à la date de publication ou d'exécution. Vous serez également attentif au titre de l'œuvre ou à la légende qui, d'emblée, orientent l'interprétation.

■ Enfin, identifiez précisément la nature de l'image : il faut savoir distinguer une peinture d'une photographie, d'une gravure, d'un dessin de presse ou encore d'une affiche de film. Vous mettrez en évidence le courant auquel l'œuvre appartient (impressionnisme, cubisme, Pop Art par exemple) et la technique utilisée par l'artiste (photographie noir et blanc, dessin au fusain par exemple).

···> ÉTAPE ② Étudier le sujet représenté

■ Repérez qui et ce qui est représenté. S'agit-il d'un ou de plusieurs personnages ? Comment sont-ils vêtus ? À quelle époque se situe la scène ? Quel est le décor ? Que révèle-t-il des personnages représentés ?

···> ÉTAPE ③ Étudier la composition de l'image

■ Décrivez comment se compose plastiquement et techniquement l'image. Quelles sont les principales lignes du dessin ? De combien de plans se compose l'image ? L'arrière-plan joue-t-il un rôle ? Quel est le cadrage utilisé ? Quels sont les effets de perspective ? Y a-t-il un usage particulier des couleurs et de la lumière ? L'image est-elle accompagnée d'une légende ?

⇢ ÉTAPE ❹ Interpréter le message visuel

■ Demandez-vous quel message est délivré par l'image. Pour répondre à cette question, partez des éléments mis en évidence dans les deux précédentes étapes ; ils vous aideront à découvrir les pistes d'interprétation du message visuel.

■ Quatre pistes d'interprétations sont possibles :

– si le message est explicatif, posez-vous les questions suivantes : qu'est-ce que l'image veut expliquer ? Dénonce-t-elle un problème ? Cherche-t-elle à séduire et à persuader ?

– si vous devez établir un lien entre l'image et un texte, posez-vous les questions suivantes : quelles sont les relations entre le texte et l'image ? Comment le visuel s'articule-t-il à la légende, au slogan ou au titre de l'image ?

– si vous devez étudier le registre de l'image, posez-vous les questions suivantes : l'image est-elle satirique, pathétique ou lyrique ?

– si vous voulez connaître sa fonction, son utilité, posez-vous les questions suivantes : quelle peut être l'utilisation de l'image ? S'agit-il d'une image intime ? d'une publicité ? d'une affiche de propagande ou encore d'une image religieuse ?

L'astuce

Étudiez les couleurs avec précision en distinguant couleurs chaudes et couleurs froides. Cela vous permettra de cerner avec efficacité la visée de l'image.

Le piège !

Ne vous contentez pas de décrire l'image ! Vous devez toujours chercher le message visuel en vous aidant le plus possible des éléments verbaux présents dans l'image : titre, légende, slogan, bulles de bande dessinée notamment.

Articles

Essais, textes d'idées

Textes littéraires

Visuels

Table des illustrations

2e de couverture • Photogramme du film *Le Sens de la fête* (2017), d'Olivier Nakache et Éric Toledano. ph © Quad/Ten Films/Gaumont Photo : Thibault Grabherr/ BBQ_DFY/Aurimages

3e de couverture • Affiche du film *Fast Food Nation* (2006), de Richard Linklater © La Fabrique de Films (DR)

Page I • Frederick George Cotman, *Un membre de la famille* [*One of the Family*] (1880). ph © National Museums Liverpool/Bridgeman Images

Page II • Toyohara Chikanobu, *La Cérémonie du thé* (1895) ph © 2024 Museum of Fine Arts, Boston. All rights reserved ; 1953, gift of Louis Aaron Lebowich (b. 1880), Boston, to the MFA/Bridgeman Images

Page III • Affiche du film *Festen* (1998), de Thomas Vinterberg © Nimbus Film (DR) – Collection Christophel

Page IV • Photogramme du film *La Grande Bouffe* (1973), de Marco Ferreri © Films 66/ Mara Films/Capitolina Produzioni Cinematografiche/ Bernard Prim (DR) – Collection Christophel

Page V • Photogramme du film *Que la bête meure* (1969), de Claude Chabrol © Les Films de la Boétie/Rizzoli Film (DR)

Page VI • James Tissot, *Les Femmes d'artistes* (1883-1885) ph © Bridgeman Images

Page VII • Photogramme de la série *Ici tout commence* (2020-2024), de Coline Assous, Éric Fuhrer et Othman Mahfoud © TF1

Page VIII • Vik Muniz, *Medusa Marinara* (1997) © Adagp, Paris, 2024 – ph © The Art Institute of Chicago/Art Resource, NY/ Scala, Florence

Pages 68-70 • Lettre Zola est un média littéraire papier par abonnement : un livre-enveloppe mensuel d'une jeune plume contemporaine contenant une histoire inédite sur la société française.

Conception graphique de la maquette : studio Favre & Lhaïk
Mise en pages : Soft Office – 8 pages couleurs : Clarisse Mourain
Iconographie : Hatier illustration
Suivi éditorial : Delphine Livet

PAPIER CERTIFIÉ

Hatier s'engage pour l'environnement en réduisant l'empreinte carbone de ses livres.
Celle de cet exemplaire est de :
200 g éq. CO_2
Rendez-vous sur www.hatier-durable.fr

Achevé d'imprimer en Espagne par Black Print
Dépôt légal 10547-8/01 - Août 2024